国家自然科学基金项目(51741405)资助
河南省高等学校重点科研项目计划(17A560019)资助
河南省科技攻关计划项目(182102310743)资助
河南工程学院博士基金项目(D2016024、D2016022)资助

公路隧道脆性岩体岩爆机理与模拟方法研究

李永兵　李兵磊　著

中国矿业大学出版社

内容提要

本书通过对张石高速公路二期工程化稍营至蔚县段黑石岭隧道实地调查、岩石声发射Kaiser效应地应力量测、室内岩石力学试验、室内岩爆模拟试验、声发射能量及时频分析、数值模拟等方法，分析了公路隧道脆性岩体在埋深不足250 m(国内外发生岩爆的绝大多数地下工程埋深在300 m以上)时岩爆发生的机制，并基于有限差分理论及颗粒流理论，以FLAC及PFC程序为实现平台，采用Fish语言编译连续元与离散元计算数据传输交换函数，建立二维平面应变圆形巷道连续—离散耦合分析模型，从宏—细观角度深入开展不同围压条件下圆形巷道围岩变形破坏机理研究。

图书在版编目(CIP)数据

公路隧道脆性岩体岩爆机理与模拟方法研究 / 李永兵，李兵磊著. — 徐州 : 中国矿业大学出版社，2018.4

ISBN 978 - 7 - 5646 - 3939 - 6

Ⅰ. ①公… Ⅱ. ①李… ②李… Ⅲ. ①公路隧道—岩爆—研究 Ⅳ. ①U459.2

中国版本图书馆CIP数据核字(2018)第078546号

书　　名 公路隧道脆性岩体岩爆机理与模拟方法研究

著　　者 李永兵　李兵磊

责任编辑 杨　洋

出版发行 中国矿业大学出版社有限责任公司

(江苏省徐州市解放南路　邮编221008)

营销热线 (0516)83885307　83884995

出版服务 (0516)83885767　83884920

网　　址 http://www.cumtp.com　**E-mail**:cumtpvip@cumtp.com

印　　刷 江苏凤凰数码印务有限公司

开　　本 787×1092　1/16　**印张** 8　**插页** 2　**字数** 206　千字

版次印次 2018年4月第1版　2018年4月第1次印刷

定　　价 30.00元

前　言

近几年随着我国公路、铁路等基础设施建设的快速发展，在隧道建设中岩爆灾害时有发生，而且随着洞室埋深的不断增加，深部岩体的复杂力学形为也越显突出，伴之而来的工程地质问题也越来越多。因此开展公路隧道脆性岩体岩爆机理与模拟方法的研究具有重要的意义。

本书以张(家口)石(家庄)高速公路黑石岭隧道为项目背景，进行实地调查、岩石声发射 Kaiser 效应地应力量测、室内岩石力学试验、室内岩爆模拟试验、声发射能量及时频分析、数值模拟等方法，分析了公路隧道脆性岩体在埋深不足 250 m 时岩爆发生的机制，并建立了二维圆形隧道围岩力学行为的连续—离散耦合分析模型，从宏—细观角度深入开展不同围压条件下圆形隧道围岩变形破坏机理研究，本书取得的主要研究成果如下：

(1) 区域工程地质环境调查及影响因素分析。通过对隧道隧址区的地层、构造、水文、地质条件及活动断裂的分布情况进行调查，认为岩爆至少与以下因素有关：地应力和围岩岩性、岩体结构、地质构造、不连续面性状、工程埋深、岩体工程的规模和形状、工程布置、开挖等因素。

(2) 地应力测量及分析。现场采集岩样进行了岩石声发射 Kaiser 效应地应力试验，测得 3 个测点的原始地应力值，确定了工程区地应力的量级大小。得到 3 个测点的最大主应力值均超过 20 MPa，因此得出了主应力没有随埋深增加而逐渐增大的变化趋势的结论，并结合工程现场岩体结构及尺寸效应和室内岩爆模拟实验，求得了岩爆的临界深度为 202 m。

(3) 现场采集岩石试样进行室内岩石力学试验，测定岩石物理力学参数。通过利用中国矿业大学(北京)研发的深部岩爆过程模拟试验系统，进行岩爆破坏模式及发生机制分析，获得了坚硬白云岩受力并发生岩爆破坏全过程的应力应变、声发射及破坏特征等属性，并利用傅立叶变换和 Gutenberg-Richter 关系式对岩样声发射能量及频谱特征进行分析和 b 值拟合，发现岩样在发生破坏时 b 值出现且呈降低趋势，在 180 kHz(175～210 kHz)高频段的幅值与应力峰值变化相对应且大部分都满足 b 值关系式，声发射能量较多的岩样其岩爆发生时破坏也较为严重。

(4) 基于颗粒流理论,通过平行黏结模型和光滑节理模型相结合再现矿物颗粒的不规则构造,并重现了脆性岩石的力学特性试验如抗拉、单轴压缩及不同围压下的三轴压缩试验,表明了 GBM 颗粒流模型能模拟抗压强度与抗拉强度比大于 10 的脆性材料破裂,能真实反映脆性岩石变形破坏的全过程。

(5) 卸载岩爆 PFC 数值模拟结果表明,根据应力环境的变化,卸载岩爆试验进程可分为平静期、局部颗粒弹射期、发展期及最终爆发期等 4 种状态,瞬时岩爆发生时的颗粒黏结破裂机制以张拉型为主、剪切型破裂为辅,宏观表现为端部碎裂、中部弹射剥落特征。模拟试验再现了不同应力状态下的岩样细观破裂过程及机制,为岩爆产生的判别与验证提供了有效手段,为岩爆试验研究提供了一种新的有效途径。

(6) 基于有限差分理论及颗粒流理论,建立了二维圆形隧道围岩力学行为的连续—离散耦合分析模型,从宏—细观角度深入开展了不同围压条件下圆形隧道围岩变形破坏机理研究。通过与理论计算、试验结果的对比分析,研究表明在低围压条件下,当水平围压与垂直围压相等,相同径向距离处的围岩变形量近似相等,均指向圆心。随着围压不断增大,破裂总数逐渐增多;在高围压条件下,当侧压系数 K 大于 1,围岩破坏主要集中在隧道顶板、底板,当侧压系数 K 小于 1,围岩破坏主要集中在隧道两帮,破坏形态均呈“毡帽形”,帽口朝向隧道中心。当侧压系数 K 等于 1,围岩破坏表现出明显的分区破裂化现象。

本书在研究过程中取得了以下创新性成果:(1) 建立了一种采用声发射波形频段幅值、能量变化判别岩爆的方法,揭示了声发射波形频段幅值、能量变化与岩爆之间的量化关系;(2) 建立了一种基于 GBM 模型研究脆性岩石破坏力学特征及声发射事件识别与定位的方法;(3) 建立了隧道围岩力学行为的连续—离散耦合分析方法,从宏—细观角度深入揭示了不同围压条件下圆形隧道围岩变形破坏机理。

本书中的研究方法及相关成果可作为一种新的研究手段为复杂地质条件下各类隧道工程问题的科学分析、判别与验证提供有力支撑。

作者
2018 年 2 月

目　录

1 引　言

岩爆是指在高地应力地区洞室开挖后，由于洞室围岩的应力重分布和应力集中，在较短时间产生的突发的猛烈的脆性破坏形式[1]。破碎岩石从坑洞壁面弹射或大量岩石崩出，产生强烈的气浪或冲击波，最强可摧毁整个作业面乃至整个洞室。

岩爆发生有两个条件[2]：高地应力和高强度脆性围岩。从能量的观点来看，岩爆是由于围岩内原先储存的弹性应变能突发性地急剧释放，发生高速崩块甚至弹射抛掷现象的一种动力局部失稳现象。在高地应力区的岩体中，积聚着很高的弹性应变能[3]。在洞室开挖过程中，岩体内应力将重新分布并在洞壁附近产生应力集中，当集中的应力超过岩体的破坏强度时，应变能就会突然释放，岩体发生猛烈的脆性失稳破坏，破坏后的岩块猛烈地弹射出来，大多数情况还伴有人耳可闻的声响，这一岩体破坏形式就是岩爆[4]。轻微岩爆的岩石呈片状剥落，而强烈岩爆可将巨石猛烈抛出，甚至一次岩爆就能抛出数以吨计的岩块和岩片，严重威胁着施工人员和设备的安全[5]。岩爆的发生有以下基本特征：岩爆事件都具有程度不同的动力特征；大多数发生在新鲜、完整及坚硬的岩体中；一般发生洞室在开挖后数小时内，其烈度随时间延续逐渐减弱；大部分岩爆发生距工作面 100～200 m 范围内[6]。在许多方面，岩爆与地震现象极为相似，其大小可以在里氏 2～4 级，烈度达 7～8 度，使地面建筑物遭受破坏，因而也有人把它称为微型地震[7]。

自 1738 年首次报道英国锡矿发生岩爆以来，在世界范围内已有 21 个国家记录有岩爆问题[8]。在矿山坑道、水电洞室、交通隧道等地下工程中，岩爆直接威胁施工人员、设备的安全，影响工程进度，产生重大的经济损失和不良的社会后果[9]。早些年，我国地下采矿中的岩爆灾害并不十分突出。但随着采掘作业不断向地下进行，以及南方多山地区的道路和隧道的开工建设，许多矿山和隧道已相继进入深部开采及开挖，岩爆现象日渐显露，岩爆事故时有发生。随着深井开采及隧道开挖的逐年增多，岩爆问题将更加突出，加快岩爆发生机理、预警系统的研究与开发工作十分迫切[10]。岩爆灾害已引起国家安全管理部门的高度重视，其预测与监测技术被列为“十五”期间矿山安全科技发展的重点领域和关键技术[11]。我国自 1993 年在抚顺胜利煤矿报道岩(煤)爆以来，先后在一系列的矿井巷工程和水电地下工程发生过岩爆现象。北京门头沟矿[12]曾发生震级 3. 8 级岩爆，不仅给井下生产和设施造成严重的破坏，而且涉及地面，震坏房屋达 100 余间，有感震动半径达 5 km。岩爆现象在我国水电系统地下工程中也屡有发生，最早在渔子溪[13]1、2 级和映秀湾水电站引水隧洞就出现过，以后在白鹤滩、太平释、二滩及天生桥二级水电站隧洞中也相继发生，并在鲁布革、三斗坪、拉西瓦等水电站工程中出现钻孔饼芯[14]。随着各类工程建设的不断发展，地下洞室“长、大、深、群”的特点愈加明显，岩爆问题也愈加突出，同时也促使了对岩爆问题的研究。

到目前为止，世界各国采矿界和岩体工程界的专家、学者对岩爆研究已历经了 260 多年，在岩爆机理、岩爆预测与预报以及岩爆防治诸多方面均取得了一些成果[15]。但是，由于岩爆是极为复杂的动力现象，加上岩体本身具有非均匀和各向异性等特征，所以至今尚未形成统一的理论与技术。正如著名岩石工程学家 E. Hoek (1980)所言[16]：“目前对这种渐进破坏过程还很不清楚，它是岩石力学、工程地质学等有关专家、学者所面临的一个挑战性难题”。故总的来看，这些研究还是停留在假说和经验阶段，因而也不可避免地存在意见分歧，尤其是对岩爆形成机理的认识以及在岩爆判据的研究上更是众说纷纭，同时也很难做到准确预报和合理治理。

虽然在岩爆机理的理论研究及实验研究方面各国学者已经做了许多工作，但在理论研究方面，对于复杂的岩爆问题，需要考虑各种因素的影响，这使得理论研究不可避免要受到数学上的限制，不得不引入一系列的假设，这样一来，考虑的因素会很有限。而对于非均匀的破坏现象，开展理论研究是非常困难的并且很难获得问题的解析解。实验研究虽然能从宏观和细观上研究岩爆，但实验的周期较长，灵活性较差，且受实验设备的限制，一旦实验失败，将重新开始，浪费人力、物力及财力。因此很有必要进一步对岩爆在实际工程实践中的发生机理从细观角度进行探讨，提出新的机理研究方法，这将对生产实践具有较大的现实指导意义。

2 文献综述

20 世纪 80 年代开始，国内外学术界结合现代岩体力学新的理论发展，提出关于岩爆机理的若干新假说[17]，主要基于失稳理论、断裂理论、损伤理论和突变理论等开展岩爆机理和预测判据研究。失稳理论[18]认为岩石介质受开采动影响而产生应力集中，岩体内高应力区介质局部形成应变软化，当其与尚未形成应变软化的介质处于非平稳状态时，在外界扰动下的动力失稳过程就是岩爆。随着断裂力学理论的逐步完善，实验技术的发展，不少学者从岩石断裂力学的角度研究岩爆的破坏机制[19]。损伤理论[20]则认为由于岩石内部存在自然损伤，在开采诱发的荷载作用下，它们的成核与扩展不断地造成岩石材料内部性质的恶化与损伤，严重地影响到材料的力学响应，损伤引起材料弹性刚度下降，当损伤积累到一定程度时，宏观裂纹出现，破坏开始。假如损伤继续发展，就可能产生应变软化现象和储存应变能能力降低现象，进而出现弹性应变能释放，如果这部分能量不能被损伤发展完全消耗，一部分多余的能量向外传递，转化为动能或其他形式的能量，从而为岩爆的发生提供了条件[21]。目前，这些岩爆机理理论在一定程度上得到了实际使用，但并没有形成工程现场实用的方法和判别准则。

近一个世纪以来，中外学者在岩爆机理、岩爆预测及防治等方面进行了大量的研究，但由于岩爆的复杂性，岩爆的理论研究进展缓慢。在我国，岩爆研究工作起步较晚，且多停留在观察、描述阶段，和国外相比更为滞后。国际上，南非在岩爆的理论研究、预测、预防等方面积累了丰富的经验和资料，建立了较为完整的理论体系，是目前世界上岩爆研究最先进的国家之一[22]。自 20 世纪 70 年代后期，中外岩爆研究进入一个新的发展阶段，多次专门召开岩爆问题的国际学术会议，交流和积累了许多有价值的研究资料及有关岩爆预测、控制和防治的实践成果。归纳起来主要有岩爆发生条件、形成机理、岩爆各种预测、监测措施等。

(1) 岩爆发生的条件

岩爆是岩体中应变能的突然释放过程，作为岩爆形成发生的条件，一是要有能有效积聚应变能的岩石，即岩性条件，大量岩爆记录资料显示，岩爆几乎都发生在新鲜完整、质地坚硬、强度高、干燥无水的弹脆性岩体中，而结构面发育、变形大、强度低、富水的岩体不易发生岩爆。对于高弹性岩石，外力的作用能有效地转化为弹性应变能积聚起来，具有良好的蓄能条件，即岩石的弹性能量指数很高，发生岩爆的可能性很大。高脆性岩石易产生微裂隙，常发生脆性断裂破坏。从秦岭隧道岩爆点所取 5 组混合片麻岩岩样的试验显示，弹性能量指数均大于 5，脆性系数大于 15，表明混合片麻岩具有良好的储能条件、高脆性及发生岩爆的岩性条件。二是要有能量的来源，即较高的初始应力，岩体中的能量来源及其大小取决于岩体初始应力的大小。岩爆通常发生在高地应力区域，特别是在三向应力不等的高地应力区更易于发生岩爆。一般认为，岩体中的最大主应力 σ_1 达到岩石单轴抗压强度 R_c 的 15% 以上的初始应力为高地应力。工程中也常把最大主应力达到 20～25 MPa 以上的初始应力称为高地应力。三是还要有引起应变能释放的外部条件，即洞室开挖，岩性条件和初始应力条件是岩爆形成的必要条件[23]。只有在具备这两个条件的岩体中开挖洞室形成临空面，使洞壁附近岩体由原来的三向应力状态转变为二向应力状态，且局部应力高度集中，洞壁附近集中的最大切向应力达到岩爆发生的临界应力，岩爆才会发生。因此，工程施工是岩爆发生的触发条件。

根据吉尔西(Kirsh)[24]的研究，在圆形隧道洞壁上的径向应力和剪应力都为 0 时，只有切向应力在断面上不同的位置有不同的大小。洞壁上平行 σ_3 的部位出现最小切向应力，其值为 $3\sigma_3-\sigma_1$。洞壁上平行 σ_1 的部位出现最大切向应力，其值为 $3\sigma_1-\sigma_3$，岩爆的形成和发生动力就是这个高度集中的切向应力。最大切向应力可达到初始应力中最大主应力的两倍以上，在它的作用下，岩体中原生的微裂隙得以扩展，或沿软弱面产生新的裂隙，使岩体发生变形。当岩体的变形达到极限或切向应力达到岩体的极限强度时，岩体就会发生岩爆或其他形式的失稳破坏。

(2) 岩爆发生的判据

自 1783 年世界上首次记录到岩爆发生以来[25]，人们对在什么条件下才会发生岩爆，即判断发生岩爆的依据，做了大量的研究，到目前已形成了以强度理论、刚度理论和能量理论为基础的三大类十余种判别指标[26]。第一类是基于能量原理的卸围压试验与岩爆判据研究，岩爆是地下工程开挖过程中，坚硬、脆性围岩在高应力条件下，因开挖扰动导致围岩应力重新分布和应力集中，岩体内储存的弹性应变能突发性的急剧释放，而产生的爆裂松脱、剥落、弹射甚至抛掷现象的一种动力失稳、破坏性的地质灾害。岩石变形破坏和岩爆过程中应力—应变状态是十分复杂的，在某种意义上具有一定的不确定性[27-29]。正是由于这种不确定性，简单地以应力或应变大小作为破坏判据是不适合的。通常很难确定一个准确的岩石强度值，这也常被称为岩石强度的离散性。实际上，岩石的破坏归根到底是能量驱动下的一种状态失稳现象。由此看来，如果能详细分析岩石变形破坏过程中的能量传递与转化，建立以能量变化为破坏判据的强度理论，就有可能比较接近真实地反映岩石的破坏规律。迄今为止，已有不少学者从能量的观点出发研究了岩石在动态载荷作用下的力学行为特点，并取得了大量有价值的成果，在岩石工程实践中起到了指导意义。

能量指标的建立以能量理论为基础。能量理论是 20 世纪 60 年代由 Cook 等首先提出的[30]，常用的岩爆判别能量指标有弹性能指标、冲击能量指数、能量耗散指标、有效释放率、能量释放率指标等。

在对基于能量原理的岩石破坏进行研究时，考虑一个单位体积的岩体单元在外力作用下产生变形，假设该物理过程与外界没有发生热交换，外力功所产生的总输入能量为 U，根据能量守恒原理，可得：

$$U=U^{d}+U^{e} \tag{2-1}$$

式中 U^{d}——岩石消耗能；

U^{e}——岩石可释放弹性应变能。

图 2-1 为岩石应力—应变关系曲线，图中 E 为弹性模量。岩石消耗能 U^{d} 用于形成单元内部损伤和塑性变形，能量的耗散是不可逆的；而能量释放是双向的，只要满足一定条件是可逆的[31-33]。

在主应力空间岩体总能量可具体表示为：

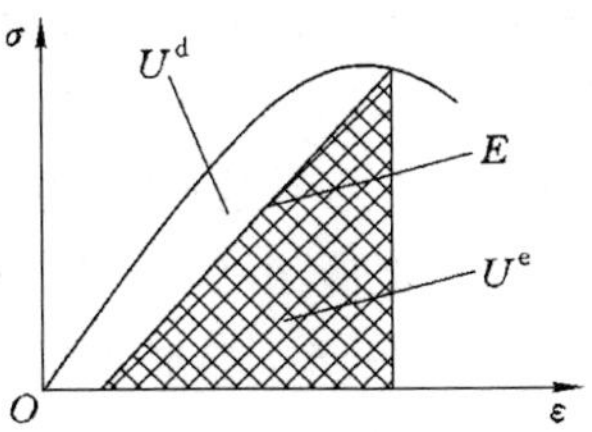

图 2-1 岩石应力—应变关系曲线

$$U=\int_0^{\varepsilon_1}\sigma_1\mathrm{d}\varepsilon_1+\int_0^{\varepsilon_2}\sigma_2\mathrm{d}\varepsilon_2+\int_0^{\varepsilon_3}\sigma_3\mathrm{d}\varepsilon_3 \tag{2-2}$$

式中 σ_1,ε_3——轴向应力和应变；

σ_2,σ_3——侧向应力；

$\varepsilon_2,\varepsilon_3$——侧向应变。

岩爆多发生在储存有较高弹性应变能的硬脆性岩体中，而硬脆性岩体产生的塑性变形较小，耗散主要导致岩体内部损伤，致使材料性质劣化和强度损失，从而导致在岩体中形成贯穿裂缝的可能性也越大[34,35]。当裂纹表面集聚的能量达到裂缝扩展所需的能量时，裂纹扩展并相互贯通，当可释放弹性应变能 U^e 达到岩体破坏所需要的能量 U^0 时，岩体就会发生破坏。当 $U^e=U^0$ 时，岩体发生静态破坏；当 $U^e>U^0$ 时，岩体发生动态破坏，能量差额 $\Delta U=U^e-U^0$ 构成分裂岩体的动能。

根据岩石室内试验结果来看：岩石在单轴压缩状态下，发生与轴向基本平行的张性破裂、剥离现象，破坏现象比较微弱；随着围压的增大，所存储的弹性应变能增大，破坏成剪性破坏，破坏强度增强；在卸荷试验中：岩样在卸荷破坏时，沿卸荷方向（围压方向）有明显的扩容或膨胀，卸荷岩样的破坏均表现为比较强烈的脆性破坏，破坏前可以听到由于裂纹扩展能量释放而产生的清脆破裂响声，破坏形式表现出张剪性复合破坏的特征[36-40]。

地下工程开挖过程中由于围压被解除，围岩产生应力集中，应变能大量集聚，当调整后的应力状态达到岩体极限状态时，岩体将发生破坏。由室内试验可知：无论是峰前卸载还是峰后卸载，岩样释放的能量均小于加载岩样储存的能量，即在卸载破坏时，岩体不需要外界对它做功，靠自身存储的能量足以使岩体破碎，高地应力区发生的岩爆现象是一种典型的开挖卸荷引起的岩爆现象。

2.1 选题依据及研究意义

岩爆是地下工程中特有的地质灾害问题，岩爆发生的机制及岩爆的预测和岩爆灾害的防控措施历来都是岩土工程界研究的热点问题。由于每座隧道所处的地理环境和工程地质条件都不一样，且隧道的断面形式、开挖方式、支护方式也不尽相同，所以每座隧道岩爆发生的机制分析、岩爆的预测及岩爆灾害的防控措施都要具有针对性。因此，在隧道工程建设中必须考虑隧道工程所处实际环境，采用适宜的岩石力学参数对岩爆机制进行分析，选取适当的方法对岩爆进行预测，制定合理的防控措施对岩爆进行防控。

自 1738 年英国锡矿岩爆[41]首次报道以来，有很多国家和地区记录有岩爆问题。最初，岩爆常见于深埋的采矿巷道或竖井内，如印度 Kolar 金矿的 Nundy droog 矿[42]、美国北达科他州 Coeurd'Alenne 矿区[43]、南非 Witwatersrand 盆地金矿[44]等开采过程中均发生了严重岩爆，且诱发了地震。随着社会的发展，人类不断开发利用地下空间。铁路与公路通过山脉时往往要建设越岭隧道，由此在隧道开挖时也时常遭遇岩爆灾害[45,46]，如日本的新清水铁路隧道(13.5 km)、挪威的 Laerdal 公路隧道(24.5 km)等。近 20 多年来，我国的天生桥水电站引水隧洞、岷江太平驿水电站引水隧洞、锦屏水电站勘探平硐、二滩水电站引水隧洞、西康线秦岭隧道Ⅱ线平导洞及川藏线二郎山隧道等相继发生突发性严重岩爆[47-49]。1998 年 3 月竣工的秦岭铁路隧道在开挖的过程中，有 43 段(累计长度约 1 900 m)发生了岩爆，其中轻微岩爆 28 段(总长为 1 124 m)；中等岩爆 11 段(总长为 650 m)，呈较大规模的连续分布，为弹射型和破裂剥落型；强烈岩爆 4 段(总长为 120 m)，呈大规模连续分布，为强烈弹射型，并造成围岩大面积开裂失稳。2007 年 1 月建成通车的秦岭终南山特长公路隧道在施工区段内有 2 664 m 产生不同程度的岩爆，其中轻微岩爆 6 段、中等岩爆 7 段、强烈岩爆 7 段[50]。由此看来，岩爆广泛存在于我国交通、水工、厂矿等领域的隧道工程建设过程当中，如表 2-1 所示，已经严重制约了我国隧道工程的发展。随着各类工程建设的不断发展，地下洞室“长、大、深、群”的特点愈加明显，岩爆问题也愈加突出，同时也促使了对岩爆问题研究的发展。对现有岩爆的发生机制及控制措施深入开展研究，对于提高施工安全的预见性和科学性，减少经济损失和人员伤亡都具有深远意义。

表 2-1　国内部分地下工程岩爆实例简况

修改时间	隧道名称	岩爆段埋深/m	岩爆特征描述
2002 年	重庆通渝隧道	300～1 050	隧道施工过程中先后发生数十次岩爆，集中发生岩爆的洞段有 8 段，以中等岩爆和弱岩爆为主
2002 年	天生桥二级水电站引水隧洞一号洞	200～800	岩爆段占到了总施工段的 38%，深度在 500～600 m 时，岩爆发生的次数最为频繁
2004 年	重庆陆家岭隧道	320～550	自施工以来，先后在 7 个区段的拱顶和边墙发生了 93 次岩爆，岩爆多发生于掌子面开挖 24 h 内
2004 年	灵宝崟鑫金矿	360～1 212	自埋深超过 360 m 后，井壁出现不同程度的岩爆，随着深度的增加，岩爆烈度不断增大
2004 年	抚顺红透山铜矿	400～1 257	1995～2004 年，累计发生岩爆 49 次，2002 年 647 中段 9 采区巷道顶板发生落盘，面积超过 10 m^2
2005 年	瀑布沟水电站交通洞	380～420	累计记录岩爆 183 次，隧洞内岩爆脱落围岩呈块、板、片状爆裂，局部出现轻微弹射现象
2005 年	平煤集团十二矿水平运输大巷	>1 100	2005 年 3 月 15 日至 4 月 7 日，岩爆累计发生 70 余次，严重影响了施工进度，甚至被迫停工
2006 年	秦岭终南山特长公路隧道	230～360	施工区段 2 664 m 产生不同程度的岩爆，其中强烈岩爆 7 段，强烈岩爆岩石直径达 3 m 以上
2006 年	都汶公路福堂坝隧道	320～360	岩爆洞段 11 段，其中强烈岩爆 2 段，累计长度 120 m，呈大规模连续分布，造成围岩大面积开裂失稳
2006 年	张石高速二期隧道群	200～420	先后在北口隧道、东峪隧道、四十里峪隧道及黑石岭隧道多个区段的拱顶和边墙部位发生不同程度的岩爆，发生时间均在掌子面开挖 24 h 内

通过表 2-1 所示资料的统计可以看出，岩爆多发生于埋藏较深的位置，厂矿巷道岩爆段的埋深多超过 400 m，水工隧道岩爆段的埋深多超过 300 m，交通隧道岩爆段的埋深也多达到 300 m 以上。

目前正在修建的张（家口）石（家庄）高速公路化稍营至蔚县（张保界）的黑石岭隧道在埋深不到 250 m 的多个里程段发生不同程度的岩爆现象。张（家口）石（家庄）高速公路黑石岭隧道为贯通张石高速二期工程全线的关键性工程，穿越太行山区，虽然埋深不足 250 m，但地质环境复杂。地理位置如图 2-2 和图 2-3 所示（数据来源：百度地图），现场调查和钻探资料表明，在断层及其影响带内岩体裂隙发育，岩体破碎；在远离断层地段，岩体完整，质地坚硬，强度较高。由于隧道长度大、开挖断面大，在地应力场环境和工程地质环境复杂条件下，隧道开挖引起局部应力集中而发生了岩爆。从目前国内外的研究资料来看，对埋深不足 300 m 的隧道岩爆的力学机制从细观力学方面进行系统的分析和研究很少。因此，对黑石岭隧道岩爆结合颗粒流理论从细观力学角度分析和研究其发生机理，对隧道的安全施工有着重要的现实意义，相信会为类似区域地质背景的隧道岩爆预测与岩爆灾害防治提供有益的借鉴。同时也为隧道岩爆的发生机理研究提供了一种新的方法和理论。

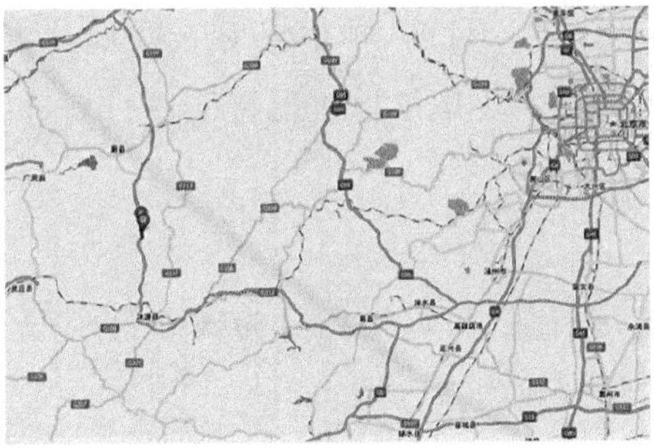

图 2-2　黑石岭隧道地理位置普通地图显示

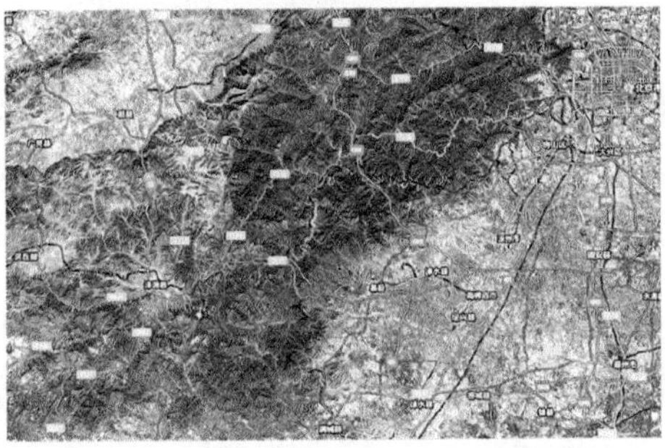

图 2-3　黑石岭隧道地理位置卫星地图显示

2.2 国内外研究现状

近 100 年来，中外学者在岩爆发生机制、岩爆预测预报及防控措施等方面进行了大量的研究，但由于岩爆问题的复杂性，岩爆的理论研究进展缓慢。国际上，南非在岩爆的理论研究、预测、防控等方面积累了丰富的经验和资料，建立了较为完整的理论体系，是目前世界上岩爆研究最先进的国家之一[51]。自 20 世纪 70 年代以来，中外岩爆研究进入了一个崭新的发展阶段，多次专门召开岩爆问题的国际学术会议，交流和积累了许多有价值的研究资料及有关岩爆预测、控制和防治的实践成果。归纳起来主要有岩爆的发生条件、形成机理、岩爆各种预测、监测、防控措施等。

随着世界经济的发展，交通隧道、水电站、地下厂房、井巷坑道等地下工程因各行各业的需要而迅速发展，其“长、大、群、深”的特点日趋明显，而它们所处的地质条件等则往往易于形成高地应力区，并经常引发岩爆、大变形等相关地质灾害。所以，高地应力、岩爆等问题已经引起世界岩石力学和工程地质学界的广泛重视。

2.2.1 岩爆定义及分类

岩爆是岩体具有高地应力的一种重要地质标志。但迄今为止，学术界对岩爆的定义还未统一。概括起来，有以下两种观点：一种认为只要岩体破坏时有声响，产生片帮、爆裂剥落甚至弹射等现象，有新鲜破裂面即可称为岩爆[52]（以挪威 Russenes B. F. 为代表）。另一种观点则认为只有岩体产生弹射、抛掷性破坏的才能称为岩爆，而将无动力弹射现象的破裂归属于静态下的脆性破坏（如谭以安等）[53]。王兰生[54]教授等认为，岩爆就其破裂机制而言，是一种开挖卸荷条件下岩石自身弹性应变能突然释放所造成的脆性破裂或爆裂；爆裂造成的岩块，则可以爆裂松脱、爆裂剥离、爆裂弹射或抛掷等不同方式脱离母体，其脱离方式、初速度和规模大小等与爆裂时的破裂机制及释放弹性应变能的多少和波及深度等诸多因素有关。

岩体应力作用方式以及弹性应变能的存储和释放等特点是岩爆分类的主要依据，早在1966 年，Notley[55]根据破坏机理将岩爆主要分成三类，其具体分类如表 2-2 所示，应变型、滑移断裂型与矿柱型岩爆仍是目前广泛采用的岩爆分类。目前，学术界对岩爆划分方案差异较大，尚未达成共识。但概括起来，主要有两种：一种主要是依据岩爆特征进行划分的，另一种主要从形成岩爆的应力作用方式来划分的。

(1) 以岩爆特征为依据分类

汪泽斌[56]（1988）根据国内外 34 个地下工程岩爆特征，将岩爆划分为破裂松脱型、爆裂弹射型、爆炸抛突型、冲击地压型、远围岩地震型和断裂地震型六大类。

武警水电指挥部天生桥二级水电站岩爆课题组[57]（1991）对岩爆分类有两种标准：一是按破裂程度将岩爆分为破裂松弛型和爆脱型两大类，二是按规模将岩爆划分为零星岩爆（发生岩爆段长 0.5～10 m）、成片岩爆（发生岩爆段长 10～20 m）和连续岩爆（发生岩爆段长度大于 20 m）三大类。

王兰生[58]教授等（1998）将岩爆类型划分为爆裂松脱型、爆裂剥落型、爆裂弹射型和抛掷型四大类。

郭志[59]（1996）也根据岩爆岩体破坏方式，将岩爆划分为爆裂弹射型、片状剥落型和洞壁垮塌型三大类。

(2) 以岩爆的应力作用方式为依据分类

谭以安（1988）和左文智、张齐桂（1995）等[60]，则从形成岩爆的应力作用方式出发，将岩爆类型划分为水平应力型、垂直应力型、混合应力型三大类和若干亚类。徐林生博士在总结前人研究的基础上，根据岩爆岩体高地应力的成因，将岩爆类型划分为自重应力型（含两亚类）、构造应力型（含三亚类）、变异应力型和综合应力型（含两亚类）四大类，然后依据具体应力条件，并结合岩爆特点等内容，再将岩爆划分成八个亚类。

表 2-2 岩爆分类

岩爆类型	形成原因	特点
Ⅰ类 应变型岩爆	开挖过程中局部岩体弹性应变能突然释放	最常见的岩爆类型，多发生在工作面附近
Ⅱ类 滑移层或断裂带岩爆	1. 由于岩体本身存在潜在的滑移层或初始应力较大，接近岩体的抗剪强度； 2. 后期开挖扰动使应力重新分配，甚至改变原有主应力走向，进而使岩体产生整体滑移失稳	在岩体中存在地质薄弱带或不连续的断裂带，在内外界因素的扰动下相互串通形成整体，原始断烈层的平衡遭到破坏，进而产生滑移
Ⅲ类 矿柱型岩爆	由于不适当开挖使矿柱应力集中而使柱子发生破坏	Ⅲ类岩爆使矿区大范围平衡破坏，周围矿体失去原有的支护产生大的变形

2.2.2 岩爆烈度分级

岩爆烈度[61]是指岩爆破坏程度，岩爆破坏主要指地下洞室和矿山坑道遭受岩爆时，岩体或矿体本身产生的直接破坏，以及因此而诱发的工程区或矿区、地面建筑物等的间接破坏。根据岩爆的剧烈程度以及对工程的危害程序可将岩爆划分为不同的烈度等级，这对岩爆预测并指导工程施工具有重要意义。

众所周知，世界上已有一个公认的地震震级及地震烈度的划分，而岩爆至今尚无一个统一的衡量标准。至今为止，对岩爆烈度划分做过研究工作的国外学者有[苏]H. M 佩图霍夫(1972)、[苏]H. M 屠尔吕宁诺夫(1979)、[挪威]拉森斯(1974)、[德国]G·布霍依诺(1981)等[62-64]。

1974 年，拉森斯[65](B. F. Russeness)在研究挪威陡山坡隧道岩爆现象时，应用有限元计算和吉尔西[66](Kirsch)方程来计算洞壁最大切向应力 $\sigma_{\theta\max}$，并通过绘制岩爆烈度与隧道洞壁 $\sigma_{\theta\max}$ 和岩石的点载荷强度值 I_s 的关系图，用以预测岩爆和判定岩爆等级，根据岩爆发生时的声响、围岩爆裂破坏等特征将岩爆烈度划分为 0～3 四个等级。

烈度越高的岩爆对工程的危害程序越大，1981 年德国学者 G. 布霍依诺[67]根据岩爆发生时对工程的危害程度，将岩爆烈度划分为轻微损害、中等损害、严重损害三级。

我国谭以安博士 1988 年率先根据岩爆危害程度及其发生时的力学和声学特征、破坏方式将岩爆烈度划分为弱、中等、强烈和极强四级[68]；交通部第一公路设计院 1996 年则依据岩爆发生的声响、岩体变形破裂状况、σ_θ/σ_R 将岩爆烈度划分为弱、中等和强烈三级[69]。以王兰生教授为首的“川藏公路二郎山隧道高地应力与围岩定性课题组”在借鉴前人分级方案的基础上，依据岩爆危害程度及其发生时的声响特征、运动特征、爆裂岩块形态特征、断口特征、岩爆发生部位、岩爆时效特征、影响深度和 σ_θ/σ_R 比值等，将岩爆烈度划分为轻微、中等、强烈和剧烈四级(RMS 方案，1998)[70]。

和岩爆的类型划分一样，国内外对岩爆烈度的分级同样未得到统一，表 2-3 是国内外关于岩爆烈度分级方案对比情况。

表 2-3　　国内外岩爆烈度分级方案对比表

方案提出者	岩爆烈度分级主要依据			
G. 布霍依诺（德国，1981 年）		轻微损害，不造成生产中断	中等损害，支架部分损坏，一般要中断生产	严重损害，工程被摧毁
B. F. 拉森斯（挪威，1974 年）	0 级：无岩爆 1 级：轻微岩爆、岩石松脱、破裂现象，声响微弱	2 级：中等岩爆，岩石有不容忽视的片落、松脱，有随时间发展趋势，有发自岩石内部的强烈的炸裂声	3 级：严重岩爆、破裂之后，顶板、两帮岩石即严重崩落，底板隆起，周边大量超挖和变形，可听到强烈声响	
谭以安（1988 年）	弱岩爆（Ⅰ）： 劈裂成板，剪断脱离母体，产生射落，洞壁表面局部微破坏，不损坏机械设备，可听到噼啪声	中等岩爆（Ⅱ）："劈裂—剪断—弹射"重复交替发生，向洞壁内部发展，形成 V 形三角坑，洞壁有较大范围破坏	强烈岩爆（Ⅲ）："劈裂—剪断—弹射"急速发生，并急剧向洞壁深处扩展；几乎全断面破坏，生产中断；有似炮声巨响	极强岩爆（Ⅳ）：方向同Ⅲ，持续时间长，震动强烈，有似闷雷强烈声响；人财损失严重，生产停顿
铁道部第二勘察设计院（1966 年）	弱岩爆	中等岩爆	强烈岩爆	
交通部第一公路勘测设计院（1996 年）	微弱岩爆（一级）：岩石个别松脱和破裂，有微弱声响	中等岩爆（二级）：有相当数量的岩片弹射和松脱，洞内岩体周边变形，有随时间发展的趋势		剧烈岩爆（三级）：顶板、侧壁围岩发生严重弹射，其声响巨大，底板隆起，沿壁周边变形严重
二郎山公路隧道高地应力与围岩稳定性课题组 RMS 方案（1998 年）	轻微岩爆（Ⅰ）	中等岩爆（Ⅱ）	强烈岩爆（Ⅲ）	剧烈岩爆（Ⅳ）

2.2.3　岩爆形成机理的研究现状

关于岩爆的形成机制，百年来诸多理论百花齐放，国内外学者分别提出了能量理论、强度理论、刚度理论、失稳理论、损伤理论、断层破坏理论以及力偶破坏理论等解释岩爆机理，但迄今为止学术界尚未形成岩爆机理的统一认识。目前，流行的岩爆机理解释有以下几种理论[71]：

（1）强度理论

强度理论从岩石的破坏准则与破坏方式出发，并认为当硐室围岩的集中应力达到岩石的极限状态后将发生破坏。在近代岩石力学中运用较为广泛的强度准则有莫尔—库仑强度准则与霍克—布朗岩石破坏经验判据[72]。莫尔—库仑强度准则适用于岩石的压剪破坏，其数学解析式为：

$$\tau=\sigma_n \tan \varphi+C \tag{2-3}$$

式中 τ——剪裂面上的剪切应力；

σ_n——垂直于剪裂面的正应力；

φ——岩石内摩擦角；

C——岩石内聚力。

1980年，霍克[73]（Hoek）与布朗[74]（Brown）通过总结大量岩石（岩体）抛物线型破坏包络线，提出岩石破坏的经验判据：

$$\sigma_1=\sigma_3+\sqrt{m\sigma_c\sigma_3+s\sigma_c{}^2} \tag{2-4}$$

式中 σ_1——岩石破坏时的最大主应力；

σ_3——岩石破坏时的最小主应力；

σ_c——岩石的单轴抗压强度。

m,s——经验系数，与岩石性质有关。

20世纪20年代，格里菲斯[75]（Griffith）通过研究含裂隙的脆性材料断裂，提出了裂纹扩展的应力条件：

当 $\sigma_1+3\sigma_3 \geqslant 0$ 时，

$$\begin{cases} 8\sigma_t(\sigma_1+\sigma_3)+(\sigma_1-\sigma_3)^2=0 \\ \cos 2\beta=\dfrac{\sigma_1-\sigma_3}{2(\sigma_1+\sigma_3)} \end{cases} \tag{2-5}$$

当 $\sigma_1+3\sigma_3<0$ 时，

$$\begin{cases} \sigma_3-\sigma_1=0 \\ \beta=0 \end{cases} \tag{2-6}$$

式中 σ_t——岩石单轴抗拉强度；

β——岩石破裂角，即破裂面与最大主应力的夹角。

20世纪80年代，众多学者对格里菲斯强度理论在岩体力学中的适用性进行了热烈探讨与研究，通过各种实验表明，格里菲斯强度理论适用于硬脆性岩体的张性破坏，而对一般岩体的适用度不高。

岩爆即围岩的迅猛破坏，是与能量有关的岩体整体破坏，与岩石的一般破坏有所不同，目前也难以定量区分。就强度理论本身而言，当岩体满足强度破坏准则时，只能说明岩石结构失稳或局部（破裂）破坏，并不能将其作为岩爆发生的具体条件，因此，强度理论只是岩爆发生的必要条件。

那么在何种状态下会发生岩爆，强度理论无法给出定量描述。岩爆研究者借鉴传统力学有关材料强度的概念，认为地下洞室开挖过程中应力在围岩内重新分布并在局部产生应力集中，当岩体承受的集中应力 σ（最大切向应力 σ_θ 或最大主应力 σ_1）超过其极限应力 σ_0 时，即 $\sigma \geqslant \sigma_0$ 时将产生岩爆。1994年，南非学者 Ortlepp 提出代表性的岩爆应力判据表达式：

$$\sigma_0=(0.25\sim0.5)\sigma_c \tag{2-7}$$

在此之后，许多研究者通过统计岩爆实录资料或依托具体的工程背景，提出了许多不同的岩爆极限（临界）应力，并以此判定岩爆发生与否。

岩爆的孕育发生机理十分复杂，国内外众多学者进行了大量实地调研与试验研究，结果表明岩爆的力学作用机制有剪切、张拉及二者组合作用下的岩体破坏形式。

以王兰生教授为首的“川藏公路二郎山隧道高地应力与围岩稳定性课题组”将岩爆作用与岩石在三向应力条件下的压缩变形破坏全过程(Lane,Bieniawsk 等,1970 年)加以对照,认为岩爆的力学机制有三种基本形式:压致拉裂、压致剪切拉裂和弯曲鼓折破坏,三种破坏机制也可以组合出现。

1986 年,E. Hoek[76]对带圆孔的石英板进行二向加载试验,虽未得到岩石破坏的全过程,但他认为剪切破坏是岩爆的主要成因。美国斯坦福大学 Zoback 也认为圆孔坍落是剪切破坏的产物,Mastin 和 Haimson 通过带有圆孔的砂岩岩板进行单向压缩模拟试验,砂岩板孔壁出现了崩落现象,他们认为这一现象是由于孔壁应力集中引起的张性破坏。

1989 年,我国学者谭以安[77]认为岩爆是张裂与剪切破坏共同作用的产物且是一个渐进破坏过程,其形成过程大致分为“劈裂成板—剪断成块—块片弹射”三个阶段。

1992 年,单冶刚[78]认为岩爆是脆性岩石的断裂失稳,其具体的破坏形式包括剪切破坏与拉裂破坏。

2003 年,王青海等[79]按岩爆形成的力学表现形式,将岩爆破坏类型分成劈裂破坏型、剪切破坏型和弯折内鼓型三种破坏形式。

(2) 能量理论

20 世纪 60 年代,Cook N. G. W 等[80]总结南非金矿研究成果并提出了能量理论,并指出产生岩爆的必要条件是矿体—围岩系统在其力学平衡状态破坏时所释放的能量大于所消耗的能量。以能量的观点来看,岩爆形成过程是岩体中的能量从存储到释放直至岩体破坏而脱落母岩的过程。因此,岩体中累积的弹性应变能是岩爆发生的内部主导因素,岩爆发生与否与岩体是否能存储高能量、能量释放方式有重大关系。70 年代,德国学者 G. Brauner 等[81]提出了能量率理论,即:

$$\alpha\left(\frac{\mathrm{d}W_{\mathrm{R}}}{\mathrm{d}t}\right)+\beta\left(\frac{\mathrm{d}W_{\mathrm{E}}}{\mathrm{d}t}\right)>\frac{\mathrm{d}W_{\mathrm{D}}}{\mathrm{d}t} \tag{2-8}$$

式中 α——围岩能量释放有效系数;

β——矿体能量释放有效系数;

W_{R}——围岩所储存的能量;

W_{E}——岩体储存的能量;

W_{D}——消耗于岩体和围岩交界处矿体破坏阻力的能量。

1981 年,波兰学者 Kidybinski[82]提出弹性指数 W_{ET}并用来预测岩爆。

范永慧[83]等通过分析认为岩爆的能量积累与耗散与地应力作用以及晶体结构断裂有很重要的关系。20 世纪 90 年代,谭以安通过分析认为岩爆有效弹射能与弹性应变能指数、应力下降指数以及岩石脆性指数之间存在一定的联系,并提出了岩爆的弹射性能综合指数 K_{rb}判据。

岩性条件、地质构造、水文等因素影响弹性应变能的存储及释放,因此也是岩爆的影响因素。能量理论很好地解释了岩爆的动力源问题,从能量角度揭示了岩爆的发生机理,但该理论的不足之处在于它不能确定围岩爆裂岩体的具体范围,因而不能具体地说明平衡状态的性质与破坏条件。

(3) 刚度理论

20 世纪 60 年代,Cook 等依据刚性试验机原理提出了刚度理论,刚度理论主要用以解释矿柱型岩爆和煤矿冲击地压。20世纪60年代中期，Bieniawski与cook先后采用普通压力机与刚性试验机对岩石进行单轴压缩试验，前者岩石破坏猛烈，而后者则较为平稳，他们认为试验机刚度小于岩石试件刚度是出现这种状况的根本原因[84]。到70年代，Black采用刚度理论对矿柱型岩爆进行研究，并取得了一定成果。

刚性试验研究成果[85]表明，岩石的刚度随应力条件不断变化，岩石强度极限以前的刚度(K_m)为正值，超过强度极限以后为负值(K_s)，当$|K_m|<|K_s|$时，试样将会出现迅猛的破坏，这与岩爆现象极为相似，因此刚度冲击性指标K_{CF}被用于岩爆预测，当$K_{CF}<1$时有冲击的危险。

刚度理论简单直观，但目前运用并不广泛，主要原因是没有明确给出矿山结构和矿山负荷系统的划分及其刚度的概念，而且也未考虑矿山系统自身的能量积聚与耗散。

近年来，岩爆机理的分形理论解释、损伤解释、灰色理论、突变理论以及失稳理论等也得到一定发展。

1992年，我国学者谢和平[86,87]运用分形几何和损伤力学研究了岩爆诱发的微地震，用数目—半径关系考察了微地震事件的位置分布，并发现微震事件分布具有集聚分形结构，当岩爆发生时，分形维数与微震事件的集中程度呈反向关系。研究表明：一个强的破坏岩爆或地震实际上等效于岩体内破裂的一个分形集聚。这个破裂的分形集聚所需能量耗散E随分形维数D的减小而按指数律增加。

$$D=C_1\exp(-C_2E) \tag{2-9}$$

失稳理论[88]认为岩石介质受开挖(采)影响而产生应力集中，并在岩体内高应力区介质局部出现应变软化，当其与尚未形成应变软化的介质处于非平稳状态时，在外界扰动如洞室的开挖、围岩振动、地震等因素的影响下的动力失稳过程就是岩爆。突变指的是系统两种稳定状态间的跳跃式转变，目前已有学者采用尖点突变模型研究岩爆问题，灰色理论亦是如此，但这些理论尚未形成较为实用的理论或现场判别指标，有待于更多学者进一步研究。

2.2.4 岩爆判据研究现状

岩爆是非常复杂的动力地质灾害现象，其影响因素众多，由此也决定了岩爆预测的多样性及复杂性，目前国内外学者已从强度、刚度、能量、稳定、断裂、损伤、分形和突变等方面对岩爆进行分析，提出各种假设和判据。如Rusesenes、Turhcnainov、贾愚如、王元汉等的岩爆判别准则，徐林生等的施工地质超前预报法和σ_θ/σ_R判据预测法[89]；波兰Kidy-binsk的储能测试分析预测法[90]；侯发亮临界深度预测法等。这里将现有的几种预测方法综述如下。

(1) 特殊地质现象宏观超前预报法

这些特殊的地质现象包括：钻孔岩芯饼裂现象；探洞现场剪切试验或表面应力解除时，岩体四周被解除后，底部会自动断裂，甚至弹起，并伴有断裂声；岩石应力—应变全过程试验曲线异常；钻孔RQD指标的高低等。这些现象均预示岩体具有较高的地应力。例如：日本Kan-Etsu公路隧道在施工过程中，超前水平钻孔中所发现的岩芯饼裂区就与开挖后的岩爆完全一致；日本京都大学的斋腾教授曾在一个隧道的导洞中分别从岩爆发生和不发生地段取样试验，发现岩爆地段的岩石峰值后变形阶段与不发生岩爆地段的岩石峰值后变形阶段相比较明显异常。此外，通过工程地质调查，根据工程岩体的物理力学性质、地质构造等现象，判断局部应力升高或降低的部位，也可以进行岩爆的超前预报[91]。

(2) 应力判据预报法

从应力角度分析，隧道开挖引起断面周边岩体沿一个方向卸荷，围岩中的应力重分布，导致径向应力 σ_r 降低，切向应力 σ_A 升高，当局部应力集中超过岩石产生岩爆的临界值时，岩石发生失稳破坏，产生岩爆。岩爆的应力判据指标有许多(表 2-4)，应用也比较普遍。

表 2-4　　国内外岩爆应力判据指标对比表

<table>
<tr><th>指标</th><th colspan="4">岩爆预测结果</th></tr>
<tr><td rowspan="2">岩石单轴抗压强度
与地应力比值(巴顿)(σ_c/σ_1)</td><td>指标>5</td><td colspan="2">2.5<指标<5</td><td>指标<2.5</td></tr>
<tr><td>无岩爆发生</td><td colspan="2">有轻微、中等岩爆发生</td><td>有严重岩爆发生</td></tr>
<tr><td rowspan="2">切向应力与轴向应力
杜尔若尼路夫($\sigma_c+\sigma_L$)/σ_c</td><td>指标<0.3</td><td>0.3<指标<0.5</td><td>0.5<指标<0.7</td><td>指标>0.7</td></tr>
<tr><td>无岩爆</td><td>弱岩爆</td><td>中等岩爆</td><td>强烈岩爆</td></tr>
<tr><td>《工程岩体分级标准》
(GB 50218—2014)
单轴抗压强度</td><td colspan="2">指标＝4～7</td><td colspan="2">指标<4</td></tr>
<tr><td>σ_c 与垂直隧道轴线方向的
最大初始地应力 σ_{max} 之比</td><td colspan="2">可能发生岩爆</td><td colspan="2">发生岩爆</td></tr>
</table>

(3) 岩爆倾向性指标数预报法

判别岩石岩爆倾向性的指标很多，其中应用较多的有弹性能量指数(W_{et})冲击能量指数(W_{cf})和岩石脆性系数(K)，见表 2-5。唐礼忠、祝方才等[92,93]针对弹性能量指数和冲击能量指数的不足，提出了各自的岩爆倾向性指数 K_{cf} 和 K_E。

表 2-5　　国内外岩爆倾向性指标判据对比表

<table>
<tr><th>指标名称</th><th>内容</th><th colspan="6">岩爆预测结果</th></tr>
<tr><td>弹性能量指数(W_{et})</td><td>岩石卸载所释放弹性应变能($\varphi_{\theta P}$)和耗损弹性应变能($\varphi_{\theta t}$)之比 $W_{et}=\varphi_{\theta P}/\varphi_{\theta t}$</td><td colspan="2">$W_{et}<2$
无岩爆</td><td colspan="2">$2<W_{et}<5$
中等岩爆</td><td colspan="2">$W_{et}>5$
严重岩爆</td></tr>
<tr><td>冲击能量指数(W_{cf})</td><td>岩石加载所积聚的能量(W_t)与岩石破坏所释放的能量(W_φ)之比 $W_{cf}=W_t/W_\varphi$</td><td colspan="2">$W_{cf}<1$
不发生岩爆</td><td colspan="2">$W_{cf}=1$
不确定</td><td colspan="2">$W_{cf}>1$
可能发生岩爆</td></tr>
<tr><td>有效冲击能量指数(K_{cf})</td><td>岩石加载所积聚的弹性能量(W_t)与岩石破坏所释放的能量(W_φ)之比
$K_{cf}=W_{cf}\times W_{et}/(1+W_{et})$</td><td colspan="2">$K_{cf}<1$
不发生岩爆</td><td colspan="2">$K_{cf}=1$
不确定</td><td colspan="2">$K_{cf}>1$
可能发生岩爆</td></tr>
<tr><td>能量储耗指标(K_E)</td><td>岩石的抗压强度与抗拉强度之比和应力—应变曲线峰值前总应变与峰值后总应变之比的乘积
$K_E=(\sigma_c/\sigma_t)\times(\varepsilon_f/\varepsilon_b)$</td><td colspan="2">$K_E<20$
无岩爆</td><td colspan="2">$20<K_E<130$
中等岩爆</td><td colspan="2">$K_E>130$
严重岩爆</td></tr>
<tr><td>岩石脆性系数(B)</td><td>岩石的抗压强度和抗拉强度之比
$B=\sigma_c/\sigma_t$</td><td>$B>40$
无岩爆</td><td colspan="2">$26.7<B<40$
弱岩爆</td><td colspan="2">$14.5<B<26.7$
弱岩爆</td><td>$B<14.5$
强岩爆</td></tr>
</table>

(4) 岩爆临界深度预报法

临界深度预报法由侯发亮教授[94]1989年提出的，认为岩爆虽然发生在水平构造应力较高的地区，但如果隧道埋深较大，即使没有构造应力的作用，由于上覆岩体效应，也可能发生岩爆，并且推导出仅考虑上覆岩体自重情况下岩爆发生的临界深度(H_{cr})的计算公式。

$$H_{cr}=\frac{0.318R_b(1-\mu)}{(3-4\mu)\gamma} \tag{2-10}$$

式中 R_b——岩石单轴抗压强度；

μ——泊松比；

γ——岩石容重。

(5) 声发射现场监测预报法

声发射技术是对岩爆最直接的监测方法之一，也是最直接的预报方法，在国外已经得到广泛的应用，我国在这方面起步较晚。根据李强(1994年)和 Langstaff (1997年)的研究[95,96]，无论是室内试验还是现场监测成果均表明，声发射信号急剧增加反映超前岩体的变形破坏。根据这一特点，可以将岩体声发射技术推广应用到岩爆监测系统预测中去。煤炭系统于20世纪80年代初开始引进波兰 SAK 地音监测系统[97]；煤炭科学研究总院1990年研制出了MA0104E地音监测系统；北京矿冶研究总院于1995年设计研制出8B1.6MMRAE岩体声发射监测定位仪。室内实验和现场监测成果都表明，声发射信号急剧增加是岩体变形破坏的前兆，因此，可以将岩体声发射技术推广应用到岩爆监测预报中去。

以上诸多岩爆预测判据在实际工程中被广泛应用，并取得了一定的效果。近十几年来，国内外在岩爆预测预报方面做了大量的研究工作，针对不同的岩爆现象，不同学者提出了不同的理论和预测方法。然而，岩爆的产生是多种因素共同作用的结果，仅对影响岩爆发生的某一因素进行讨论，必然产生片面性和局限性。谷明成等在秦岭隧道施工过程中发现要同时满足 $R_c\geqslant15R_t$、$W_{et}\geqslant2.0$、$\sigma_\theta\geqslant0.3R_c$ 和 $K_V\geqslant0.55$ 四个条件时才会发生岩爆[98]；徐林生、王兰生发现二郎山隧道岩体只有在岩爆倾向性指数 W_{et} 和高地应力这两个内、外条件均满足要求时才有可能发生岩爆活动。近年来一些新的方法被应用到岩爆预测工作中来；王元汉等采用模糊数学综合评判方法来预测岩爆[99]；胡明标等提出了多因素模糊数学综合评判方法并且给出了解决各因素的权重分配的数学方法[100]；冯夏庭、杨涛等、陈海军等提出了使用自适应模式识别方法，利用人工神经网络来预测岩爆[101]；杨莹春等尝试采用可拓学的综合评判方法预测岩爆的发生与否和烈度大小[102]。更重要的是，以上判据通常用于岩爆预测的第一阶段和第二阶段，即岩爆的静力破坏阶段，而对于岩爆的动力破坏阶段，即第三阶段，这些判据无法确定岩爆发生的准确时间、地点和危险程度。这就要求我们寻找在实际工程中能够简单、准确地预报岩爆发生的现场预测预报方法。

2.2.5 岩爆数值分析研究现状

近些年，有限元法、有限差分法以及离散元等数值计算方法在岩石力学中有较广泛的应用。有限元法基于最小势能变分原理，把个实际的结构物或连续体用4种由多个彼此相联系的单元体所组成的近似物理模型来代替，通过结构及连续力学的基本原理及单元的物理特性建立起表征力和位移关系的方程组。离散元亦将区域划分为单元，但单元因受节理等不连续面的控制，在以后的运动过程中，单元节点可以分离，即一个单元和邻近单元可以接触也可以分离，相比于有限元的小变形假设更有实用性。表2-6简述了几例典型的岩爆数值分析结果。

表 2-6　　岩爆的数值分析举例

数值方法	本构模型	结果简述	备注
RFPA&DDA耦合模型	RFPA：弹性—脆性—塑性模型 DDA：线弹性模型	岩爆首先发生于表面岩块，以较大速度弹出，深部岩体弹射速度较慢，后形成爆坑	初始破坏的裂纹扩展方向影响岩爆发生； DDA 模型中的应变能忽略
ANSYS&FLAC耦合模型	ANSYS：Drucker-Prager 模型 FLAC：Mohr-Coulomb 模型	煤层后的岩层固定，开挖后煤层松动，由于应力变化，剪应力变化超过岩层承载力，使得岩层滑动，产生岩爆	ANSYS 动力学分析岩爆很费时间； FLAC 中假设震动迭代模拟动力过程，为边界提供不平衡力，使得开挖处破坏
非线性有限元	与应变率有关的本构模型：$\hat{\sigma}_{ij}=C_{ijkl}D_{kl}$	沿自由面，均匀材料显示出分叉特征；各向异性材料显现出剥离特征	提供了利用有限元模拟开挖表面稳定性的方法
Cosserate 介质弹塑性模型	$f=r+\sin\varphi p-\sigma_u\frac{1-\sin\varphi}{2}\leqslant 0, \sigma_u=\sigma_u(\gamma^\gamma)$	模拟自由表面的剥离	
受摄动力影响有限元模型	Elastic Supports 用于模拟岩爆现象（Sharan SK，1993）；Mohr-Coulomb 和 Hoek-Brown 准则用于塑性后关联流动判断	利用理想弹塑性模型和弹性—脆性—塑性模型结果对比，认为拥有后者材料属性的岩石材料更易发生岩爆	$K=\frac{\sigma_n^{i+1}-\sigma_n^i}{\delta_n^{i+1}-\delta_n^i}$ 用于判断岩体岩爆倾向性

岩爆的发生经过了起裂—扩展—颗粒弹射的过程，是不连续体的变形特征，多数的有限元解法均以小变形、连续性为假设条件，满足不了模拟岩爆中大变形、不连续的计算要求。20 世纪 70 年代，Goodman、Taylor 等将节理单元用于模拟岩石的力学特征[103]，这类方法可以模拟结构面的衍生、运动及破坏，满足岩体结构的变形特征，自此非连续变形分析在岩石力学中得到了广泛的应用。

2.2.6　目前主要存在的问题

① 岩爆是一种应变能突然释放造成的岩体剧烈破坏现象。其瞬间破坏的特征，给工程带来了巨大的经济损失，更威胁到工作人员的安全。现场的岩爆多具有瞬时性和间歇性，在目前的技术条件下其发生是不可预测的，更无法记录岩爆过程。

② 现场的应变岩爆是在三向应力状态下由于开挖产生应力转化而发生的，对于巷道表面某一岩爆结构体单元，岩爆应力状态可以看作三向六面应力单面突然卸载形成三向五面的不平衡力状态。无论是单轴实验、双轴实验、三轴加载岩爆实验、三轴卸载岩爆实验中缓慢卸围压还是真三轴缓慢卸载，岩爆实验的应力路径都不符合应变岩爆发生的应力转化条件。

③ 目前采用的颗粒流理论及 PFC 程序开展的一系列研究工作，促进了岩石力学细观

机理研究的发展。然而,这些研究均是以传统的颗粒体模型为基础开展的。致使计算结果与实际岩石试样的强度特性相差较大。

④ 在理论研究方面,圆形巷道围岩变形破坏的轴对称弹塑性分析作为一个经典力学问题,已被广泛开展研究。然而,具有封闭解的解析计算由于假设条件较多、理论体系复杂,且无法深入揭示围岩破裂的形成过程及机制,

因此,只适用于工程地质条件简单的圆形巷道分析计算。尽管采用试验研究手段可较为准确、直观地获得圆形巷道围岩变形破坏特征及规律。但由于试验常常具有费用高、周期长、操作复杂等特点,此外,大尺度相似模拟试验几乎是无法实现的,因此,在实际工程中也不可能广泛采用此方法。近年来,随着计算机技术及性能的不断发展,采用数值分析方法开展巷道围岩变形破坏研究已成为一种有效的分析手段。采用连续元数值计算方法虽能得到围岩变形破坏过程中弹塑性分布特征及规律,但其不足之处是无法反映围岩破裂孕育机制及过程。若采用颗粒流法直接构建计算模型,随着模型尺寸的增大,颗粒数量不断增多,计算效率却严重降低。因此,这一不足已成为制约颗粒流法在工程分析时广泛应用的瓶颈。

2.3　主要研究内容及技术路线

2.3.1　研究内容

黑石岭隧道具有埋深大、延伸长的特点,长度约为 3.8 km,是一项复杂的地下建设工程。其复杂性表现为工程规模大和复杂的地质构造环境。针对问题的特点,从隧道围岩的岩体特征和复杂地应力场环境两方面着手,通过对隧道工程的自然地质条件、水文地质条件和区域地质条件的调查,开展系统的研究工作。具体研究内容包括以下几方面:

① 通过隧道工程地质和水文地质资料的收集及现场地质考察,查明隧道所在地的地质构造环境。对引发岩爆的各种影响因素进行了分析,如自然地理因素、水文地质因素和区域地质条件因素。选择隧道的典型部位,采用岩石声发射效应量测工程区地应力的大小和方向。

② 通过对隧道岩体进行室内岩爆模拟试验,描述岩爆的过程和岩爆实验的应力路径,分析岩爆实验声发射曲线,全面掌握隧道沿线围岩的物理力学特性。对区域岩样的单轴压缩实验、巴西压缩实验以及岩爆模拟试验中的声发射能量特征进行了分析。

③ 通过对隧道施工区域岩样进行单轴压缩实验、巴西劈裂实验及岩爆室内模拟试验采集到的声发射数据,对埋深不足 250 m 的微—未风化白云岩样声发射能量特征及频谱特征进行研究,利用傅立叶变换分析声发射波形的三个频段幅值变化和岩样破坏之间的关系,并利用 Gutenberg-Richter 关系式对幅值进行了 b 值拟合,展示了研究区域白云岩试件的声发射能量特征,对特定区域某一频段声发射信号预报岩爆的可能性进行探讨。

④ 以黑石岭隧道工程为背景,进行室内岩爆试验并基于颗粒流理论及 PFC 程序,采用 Grain-Based 模型,对区域的岩样破裂特征进行单轴和三轴的加卸载细观数值模拟分析,从细观力学角度分析了岩爆的发生机理。

⑤ 基于有限差分理论及颗粒流理论,以 FLAC 及 PFC 程序为实现平台,建立二维平面应变圆形隧道连续—离散耦合分析模型,从宏—细观角度深入开展不同围压条件下巷道围岩变形破坏机理研究。

2.3.2 技术路线

本书结合黑石岭隧道开挖过程中遇到的实际问题，通过隧道工程地质和水文地质资料的收集及现场地质考察，查明隧道所在地的地质构造环境。并采用岩石声发射效应量测工程区地应力的大小和方向，通过对隧道岩体进行室内岩爆模拟试验来描述岩爆发生的过程及其声发射特性，基于颗粒流理论及 PFC 程序，采用 Grain-Based 模型从细观力学角度分析了岩爆的发生机理、基于有限差分理论及颗粒流理论，建立二维平面应变圆形巷道连续—离散耦合分析模型。研究的技术路线如图 2-4 所示。

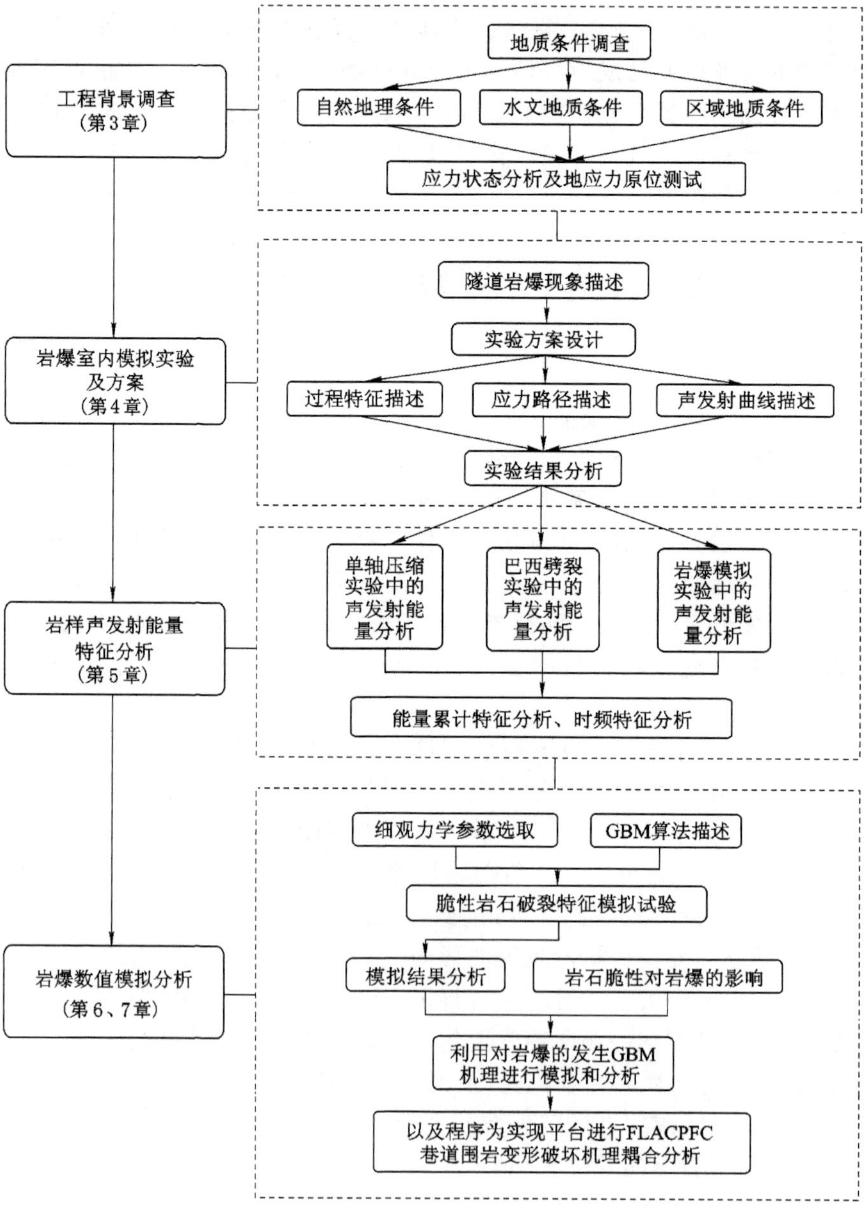

图 2-4　研究路线图

3　研究区域工程地质条件调查及岩爆现象分析

张石高速公路是河北省高速公路布局规划“五纵、六横、七条线”公路网主骨架中“纵五”的重要组成部分，是河北省西北地区南北方向的一条交通主干线，为石家庄及河北南部地区与张家口地区经济交往的便捷通道。黑石岭隧道位于张家口市蔚县南部同区，出口段位于保定市涞源县境内。隧道为左右分离式，隧道净宽 13.25 m，净高 7.80 m，建筑限界高度 5.00 m，左右洞室间距约 40 m，黑石岭左线隧道长 3 751 m，右线隧道长 3 833 m，均属于特长隧道。隧道坡面北高南低，走向为近南北向的曲线隧道。

3.1　自然地理条件

黑石岭隧道隧址区属于中低山貌，山势陡峻、悬崖众多且多为沟谷发育，多呈 V 字形，山坡坡度为 30°～80°，山区大多数被灌木覆盖，高程范围为 1 436～1 739 m，相对高程差约为 300 m，为侵蚀剥蚀地区，如图 3-1 所示。隧道的最大埋深约为 240 m。

图 3-1　黑石岭隧道地形地貌图

3.2　水文地质条件

隧址区属大陆性季风气候区，四季分明：春季干旱少雨，多风；夏季炎热短促，降雨集中；秋季空气清爽，昼夜温差大；冬季寒冷漫长，风大雪少。一月份平均气温－15.9 ℃，极端低温−35.3 ℃，七月份平均气温 17.8 ℃，多年平均降雨量 475.2 mm，最大暴雨量 88.9 mm，雨量集中月最大降雨量 136 mm，最大冻土深度 2.0 m，因处于山区，地形陡峻，树枝状侵蚀谷发育较强，坡度大，沟谷无常年性流水，雨季时雨水以地表径流方式流入沟谷，较大的沟谷有时会出现暂时性水流，所以储存及接受大气降水补给不足，因隧址所处位置较高，泉水出露极少，仅在隧道出口以东的沟谷的沟壁上有少量泉水出现，根据地下水质分析结果，地下水对水泥混凝土的腐蚀性可以忽略不计，隧址的无霜期为 148 d，多年平均降雪量 235 mm，最大积雪量 210 mm，降雾天数 6 d，多年盛行西南风，定时最大风速 22.7 m/s。

3.3 隧道区域地质条件

(1) 隧道地层岩性

隧道所处地区的山坡分布第四系坡积(Q_4^{dl})碎石和洪积(Q_4^{pl})碎石、角砾外，其他地段大部分基岩裸露，岩性为震旦亚界蓟县雾山组(Z_j-w)白云岩，隧道洞身部分上部为震旦亚界青白口系长龙山组(Z_q-c)硅质角砾岩，洞身及出口段为寒武馒头组($\in_{1m}$)页岩。其中第四系洪坡积物(Q_4^{pl+dl})主要以碎石和块石为主，颗粒直径一般在 5～30 cm，最大为 2 m左右，分选性较差，河谷和支沟中的母岩成分主要为白云岩，厚度为 0.5～6.8 m 不等。寒武系馒头组($\in_{1m}$)页岩为泥质结构，颜色呈现紫红色，叶片状构造，多风化成碎片状，出露于黑石岭隧道顶部 K74＋500～K76＋000 以西地段和隧道出口部位，其地震波速为 1 235～1 650 m/s。隧道顶部 K74＋500～K76＋000 以西地段主要构成为震旦亚界青白口系长龙山组(Z_q-c)硅质角砾岩，角砾状结构，巨厚层状结构，颜色呈黄褐色和褐红色，角砾成为主要为燧石，棱角状为主，岩石致密坚硬，地貌上多形成陡崖和孤立岩壁。震旦亚界蓟县雾山组(Z_j-w)白云岩为粉晶—细晶结构，薄中层状构造，燧石密集且条带发育，颜色呈现浅色和深灰色，隧道进口段和出口段产状分别为 150°∠9°和 120°∠30°～60°。

震旦亚界蓟县雾山组(Z_j-w)白云岩为黑石岭隧道围岩的主要组成成分，特点是厚度较大，根据风化程度可分为未风化、微风化、弱风化和强风化四类。

未风化白云岩为粉晶—细晶结构(局部为中—粗晶结构)，中厚层状构造，节理裂隙基本不发育，岩体比较完整，岩质新鲜、坚硬而性脆，锤击时回弹明显，有较强震手感，难以击碎，地震纵波波速大于 4 200 m/s。

微风化白云岩为粉晶—细晶结构(局部为中—粗结构)，颜色呈浅灰色，中厚层状构造，节理裂隙一般发育，但节理闭合性较好，局部有方解石脉充填，岩体较为完整，岩质也比较新鲜、坚硬而性脆，锤击时回弹比较明显，有较强震手感，难以击碎，厚度为 20～27 m，地震纵波波速为 3 150 ～3 650 m/s。

弱风化白云岩颜色呈浅灰色，粉晶—细晶结构(局部为中—粗结构)，中厚层状构造，矿物成分以白云岩为主，含有少量方解石，岩体节理裂隙发育，但多呈现闭合状，其节理面粗糙，且岩石致密坚硬，锤击时有回弹，但不易破碎，该层厚度为 22.2～24.2 m，最大可达 42 m。地震纵波波速为 2 350～2 750 m/s。

强风化白云岩颜色呈白色，裂隙面颜色多为灰褐色，裂隙发育较多，裂隙表层多微张，宽度为 1～5 m 不等，个别最宽可达 10 cm 左右，陡坎部位可达 20 cm 左右，局部贯通，高度可达 10～20 m，其内充填有亚黏土和岩屑，岩石锤击时易碎，呈碎石状或碎块状，厚度一般为

22.1～24.5 m，最大可达 50 m，地震纵波波速为 1 250～1 650 m/s。

(2) 地质构造

黑石岭隧道位于太行山北段，属于中朝准地台的五级构造单元蔚县向斜内。岩层为向斜地层，倾角为 47°～60°，主要构造为东沟—大宁断裂(F_4)和白云岩节理裂隙。其中东沟—大宁断裂位于黑石沟、陈家村、尹家铺及大宁一线，全长约 20 km，断裂倾向南东，倾角 75°～80°，总体走向北东 40°，局部近直立。为高角度正断层。该断裂自新世纪以来没有活动，与黑石岭隧道左线 LK76＋590、右线 RK76＋760 相交。断层的影响范围约 500 m，受此断裂断的影响，黑石岭隧道出口段构造裂隙发育，岩体较为破碎。

隧址内的白云岩中节理裂隙发育较为严重，多为高倾角，且节理裂隙发育程度差别较大，主要有三组，产状和密度分别为：173°∠79°，3 条/m，180°∠90°，5 条/2 m，220°∠75°，3 条/m，在隧道进出口段多呈现微张—张开状，这三组裂隙与路线的走向呈大角度相交，但在微风化及未风化白云岩中节理裂隙不发育，岩体比较完整。

(3) 地震

根据《中国地震动参数区划图》(GB 18306—2015)和河北省工程地震勘察研究院《张石公路化稍营至保定界段建设场地地震安全性评价报告》，场区地震动参数为：地震动峰值加速度为 0.10 g，对应的地震烈度 7 级。地震动反应谱特征周期为 0.40 s。

(4) 不良地质现象

黑石岭隧道洞身(K71＋800、K76＋700～K76＋800)发现了溶蚀现象，但仅为表面溶蚀或小型溶洞，对隧道影响不大。

黑石岭隧道出口段发育东沟—大宁断裂，与隧道在左线 LK76＋590、右线 RK76＋760 相交，该断裂全新世以来没有活动，受断裂影响，隧道出口段岩体较为破碎。隧道围岩划分时考虑了断裂的影响。

3.4　隧道工程地质评价

3.4.1　隧道围岩级别划分

根据《公路隧道设计规范》(JTG D70/2—2014)规定的围岩划分方法，隧道洞室围岩级别划分，主要按以下顺序进行：

① 根据岩石的坚硬程度和岩体完整程度两个基本因素的定性特征和定量的岩体质量基本指标 BQ，综合进行初步分级。

② 对围岩进行详细分级时，考虑了岩石的物理力学性质、构造发育程度、承受的荷载、应力应变状态、几何边界条件、水的赋存状态等因素。

③ 按修正后的岩体基本质量指标[BQ]，结合岩体的定性特征综合评判、确定围岩的详细分级。

综合考虑了岩体的风化程度、受构造影响程度、结构特征、节理发育程度，并且参考了岩体的波速、岩体的完整性及地下水对岩体影响等因素。围岩的特征及级别划分汇总列于表 3-1。

表 3-1　　围岩特征及级别分级表

围岩名称	受构造影响程度	结构特征	饱和单轴抗压强度 R_b/MPa	主要力学参数 σ_0/kPa	黏聚力/MPa	内摩擦角 φ/(°)	地震纵坡坡速/(m/s)	围岩级别
强风化页岩	较重	碎片状结构		600			1 035～1 150	Ⅴ
强风化白云岩	较重	碎石状结构	66.68	1 200	10.3	38	1 250～1 650	Ⅴ
弱风化白云岩	较重	块(石)状结构	84.22	1 800	7.33	38	2 350～2 750	Ⅳ
微风化白云岩	较重	大块状砌体结构	98.16	2 400	6.57	37	3 150～3 650	Ⅲ
未风化白云岩	较重	大块状砌体结构	148.16	2 400	6.57	37	>4 250	Ⅲ

3.4.2　隧道围岩稳定性评价

该隧道围岩岩体受构造影响较为严重，围岩级别为Ⅴ～Ⅲ级，围岩稳定性较差。隧道围岩稳定性评价如下：

① 碎石土(Q_4^{pl+dl})：围岩级别为Ⅴ级，围岩稳定性极差，隧道施工不易成拱，易坍塌，该层为透水层，雨季施工易漏水，侧壁易失稳，处理不当就会产生大坍塌。

② 强风化页岩(ϵ_{1m})：围岩级别为Ⅴ级，主要分布在隧道出口，岩体破碎，多风化成碎片状，围岩稳定性极差，隧道施工不易成拱，易坍塌，该层为弱透水层，雨季施工可能会出现滴水渗水现象，侧壁易失稳，处理不当会产生大坍塌。

③ 强风化白云岩(Z_j—w)：围岩级别为Ⅴ级，主要分布在隧道进出口位置，节理裂隙发育；呈微张～张开状，岩石呈碎石状压碎结构，岩体破碎，围岩稳定性差，该层透水性较弱，雨季施工可能会出现滴水渗水现象，隧道施工易坍塌，侧壁易失稳，处理不当会产生大坍塌。

④ 弱风化白云岩(Z_j—w)：围岩级别为Ⅳ级，呈碎石状镶嵌结构，岩体较破碎，岩体完整性较差，围岩稳定性较差，该层为微透水层，雨季施工可能会出现滴水现象，同时有裂隙岩溶水存大，隧道施工拱部若无支护措施可产生较大坍塌。应予以重视。

⑤ 微风化白云岩(Z_j—w)：围岩级别为Ⅲ级，岩质硬脆，由于三组节理大角度相交，倾角较大近于直立，隧道施工时侧壁岩石形成楔形状，施工时在无支护的情况下可能会产生掉块或小规模坍塌，爆破震动过大时可能会塌顶。

⑥ 未风化白云岩(Z_j—w)：围岩级别为Ⅲ级，节理裂隙不发育，岩体完全整，岩质硬脆，有发生岩爆的条件。

3.5　隧道岩爆现象描述及分析

3.5.1　岩爆发生段隧道状况描述

黑石岭特长隧道建筑限界根据工可批复意见及《公路隧道设计规范》(JTG D70/2—2014)设计。隧道建筑限界采用单洞净宽 13.25 m，横断面组成为：(0.75＋0.5＋3.75×2＋3.5＋1.0) m，建筑限界高度 5.0 m，隧道设双侧检修道，衬砌断面内轮廓采用三心圆方案，隧道净高 7.8 m。

根据施工观察及处理记录，岩爆段主要集中在黑石岭隧道左线 LK73＋630～LK73＋

755,LK73+790～LK73+866;右线 RK73+610～RK73+739 处。在左线 LK73+880～LK74+950,右线 RK73+760～RK74+980 段也时有发生,发生处的岩石性质好,为弱、未风化白云岩,夹杂有石灰岩,石灰岩以夹层的形式分布于白云岩中,白云岩水平分布。根据《公路隧道设计规范》(JTG D70/2—2014)规定的围岩划分方法,此处岩石属三级围岩,岩爆发生地段岩石不含水。

3.5.2 岩爆特征分析

发生位置为拱顶、拱腰,距拱顶中线 2～4 m 的区域尤为强烈,边墙处无岩爆,岩爆发生时弹性应变能突然释放,首先有爆裂声,伴随着岩块的坠落,爆落的岩块尺寸和形状有板状、片状及碎屑状,大多数为片状,长 10～70 cm,厚 10～40 cm,板状尺寸较大,可达几十厘米,最大可达 1.5 m 左右。

岩爆坑的横断面形状有"A"字形及锅底形,边缘多呈现阶梯面。随着隧道掘进,埋深增加,岩爆随之增多,强度也有所增大。曾毁坏过挖掘机、砸坏过钻孔台车。严重威胁施工人员安全,影响施工进度,岩爆一般发生在掌子面开挖一小时后。岩爆破坏方式如图 3-2 所示。

(a) (b) (c) (d)

图 3-2 黑石岭隧道岩爆破坏方式

(a) 层状剥落;(b) 片状剥离;(c) 穹状爆裂;(d) 楔状爆裂

3.5.3 岩爆发生影响因素分析

岩爆是多因一果的问题,也就是说影响岩爆形成和发生的因素不只是某一个,而是在诸多因素的共同参与作用下所引起的。根据国内外最近几十年的有关岩爆事故的资料进行统计分析、岩爆形成机理研究以及通过试验、理论上的论证,可以认为岩爆至少与以下各因素有关：地应力和围岩岩性、岩体结构、地质构造、不连续面性状、工程埋深、渗流量、地震、岩体工程的规模和形状、工程布置、开挖等因素。这些因素并不是独立的，而是彼此相互联系的。然而影响方式又各异，影响的程度也非一致。

根据大量国内外工程实例可知，围岩中的高地应力是导致岩爆发生的一个外部主导因素，而岩性条件则是内因，只有具备了上述两个条件才有可能发生岩爆。同时，外来的某些因素也是诱发岩爆的条件之一。当聚集高应变能的脆性岩体在一些外来因素的诱发下，产生应力的急剧变化，从而使岩体内的应力迅速达到或超过岩体强度，则岩爆发生。

（1）围岩岩性因素

在国内外工程实例中可以发现，岩爆多数发生在石英岩、花岗岩、正长岩、闪长岩、大理岩、白云岩、石灰岩、片麻岩等岩体中。这些岩体的共同力学特性是具有脆性，即达到峰值强度后岩石急剧断裂。不同的岩体由于成岩建造和构造的差异，即使是相同应力环境条件下发生岩爆的强度也是不相同的。总之，如果岩石越坚硬，岩石的抗压强度也就越大，这也就意味着其储存能量也就越大，在相同环境及相同的应力条件下，发生岩爆的可能性和发生岩爆烈度等级也就越高，反之就越低，这是因为岩石质地越坚硬，则其强度越大，说明岩爆和岩石的脆性有着极大的关系，岩石的脆性可以用脆性指数（岩石抗压强度与岩石的抗拉强度的比值）来描述。相同地质条件下，脆性指数越大，岩爆越强烈、严重。

岩石的单轴抗压强度也可以反映其岩性特征。图 3-3 是岩石单轴抗压强度与岩爆次数的关系统计。说明岩爆基本上是在坚硬的岩体中发生的。这是因为新鲜完整、质地坚硬的岩体弹性模量高，能够聚集很大的弹性变形能，一旦被开凿扰动，弹性变形能就会突然释放，形成岩爆；反之，软岩在加载过程中，储备弹性应变能的能力很低，出现岩爆的概率很小。例如在我国的天生桥隧洞及张石隧道群中，岩爆主要发生在坚硬完整的白云岩中，而相对软弱的页岩则无岩爆现象。

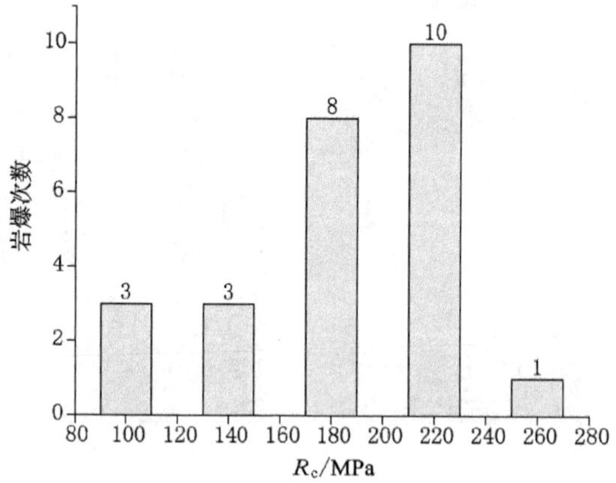

图 3-3　岩石抗压强度与岩爆次数统计

（2）地应力因素

高地应力是岩爆发生的必要条件，但是目前对于高地应力的界定仍然存着较大分歧。有根据岩石单轴抗压强度 R_c 和最大主应力 σ_1 的比值来定义，也有根据最大主应力的值来判断的，即当最大主应力达到 20～30 MPa 时就认为是高地应力。还有认为在岩体初始应力状态下，水平应力分量如果大大超过上覆岩层的岩体重量时即可认为岩体处于高地应力状态。

还有一种方法就是根据围岩变形特征判断地应力量级来判断岩爆发生的可能性，其中较为典型的方法是：如果钻孔中岩芯有饼裂现象，则可以认为围岩的地应力量级较高，在这种围岩中开挖隧道就极有可能诱发岩爆。

(3) 岩体结构因素

决定岩爆是否发生的一个重要条件就是看岩体的完整程度，所谓的完整岩体就是指裂隙间距较大，宏观上没有贯穿岩体，岩块的破裂不沿裂隙发生，而是岩石内部裂纹扩展的结果。从定量角度考虑，岩石的完整系数可用式(3-1)来表示：

$$\lambda=(V_{pm}/V_{pr})^2 \tag{3-1}$$

式中 λ——岩石完整系数；

V_{pm}——岩体弹性纵波速度；

V_{pr}——岩石弹性纵波速度。

根据现有统计资料，当岩石完整系数≥0.75 时，属于完整岩体。

结构面和结构体是构成岩体结构的两个主要因素，是反映岩体工程地质特性的最根本因素，主要影响岩体内在特性、物理力学性质和其受力变形的全过程。这两个因素决定了岩体结构的特征和结构类型。结构面的性质和结构体的空间组合形式决定了是否会发生岩爆和岩爆烈度的大小，一般来说，当岩体的结构比较完整，构造变动小，节理裂隙发育微小，岩体的强度就越大，也越坚硬，此时蓄积的弹性变形能也就越大，岩体破坏时就会转化为较大的动能，使其更容易弹射抛出形成岩爆。反之，当岩体的结构比较破碎的，岩性也变得相应复杂，构造变动也相应强烈，构造影响比较严重，风化带、节理等均较发育，结构面组数较多，密码较大，彼此交切，其储存的弹性变动能比较小，岩体破坏时发生岩爆的可能性也较小。

然而，一些有裂隙发育的岩体也有可能发生大规模的岩爆，岩体结构中能量的储存和释放是结构岩体发生岩爆的必要条件，能量释放得越彻底，岩爆也就越强烈。若岩体结构具有一定的方向，岩体将不发生缓慢的位移或破坏，此时，能量得到储存。

大量的工程实例及力学实验表明，在与结构面垂直的方向上能量更容易释放，而在节理与围岩应力平行的方向上能量更容易积蓄。当节理或者裂隙面与最大主应力夹角 β 满足 $0°\leqslant\beta\leqslant30°$，夹角越小，岩体内部储存能量也越多，也就越容易发生岩爆；当 $30°\leqslant\beta\leqslant45°$时，弹性应变能积累较少，岩体积累和释放能量的能力较差，通常只有沿节理产生剪切滑移破坏；当 $45°\leqslant\beta\leqslant90°$时，裂隙在应力的作用下趋于闭合，稳定性提高，由于被塑性变形时消耗了一部分能量，岩体存储的弹性能量较少，即使发生岩爆，烈度也不会很高。如二滩水电站左岸导流洞发生岩爆的区域中，0＋525 m～0＋570 m 段岩体新鲜干燥、裂隙发育稀少，间距一般大于 3 m，优势裂隙与最大主应力的夹角 $\beta=21°\sim26°$，岩爆大多表现为劈裂掉块现象，没有发现较强的弹射现象。而 0＋660 m～0＋704 m 段岩体新鲜干燥，裂隙发育中等，间距一般 2 m 左右，优势裂隙与最大主应力的夹角 $\beta=4°\sim6°$，在施工中多次发生岩石强烈弹射的岩爆现象。这两段岩体的埋深条件、干燥程度和能量传导途径，都有明显的相似性，岩体结构的差异导致了两段岩体储能能力上的差异，因此岩爆活跃程度、规模大小及性状表现会有明显的差别。

所以岩体结构及其性能条件是岩爆发生的物质基础，即使岩体都是硬岩，但由于不同的成岩作用、地质构造运动及岩层产状不同等因素，相同地应力条件下岩爆发生的强度和特征也是不同的。

（4）地质构造因素

复杂的地质构造带容易发生岩爆，如褶曲、岩脉、断层以及岩层的突变等。特别是向斜的轴部岩层存在较大的地应力，聚积有大量的弹性变形能，开挖或开采，就有可能产生岩爆。

地质构造条件与地下工程中岩爆的发生也有着密切的关系，地壳应力场中最大的主应力并非是自重应力，随着地下岩体原位应力测量技术的发展，揭示出在地质构造运动中，在1 000 m深度以内时，原位应力σ_H是垂直应力σ_V的数倍。此时，岩爆总体上可以分为三种类型：第一种类型的岩爆主要发生在高地应力区较为集中的部位；第二种类型是由于断层错动而引起的岩爆；第三种类型是指主要发生在距断裂构造带一定距离的局部构造应力增高的区段。

地形和地貌因素对地下工程中岩爆的发生也有很大的影响，在现代地貌形成过程中，若发生过大的地壳抬升和强烈的剥蚀，则岩体的应力分散和集中现象也会较为严重，如深切峡谷。当地下工程的施工轴线和深切河谷的陡波相平行时，在靠近陡坡一侧的边顶容易发生岩爆。如挪威的峡弯公路隧道和我国的岷江太平水电站水工隧道，这两个隧道都是沿河谷方向施工，在施工过程中都遇到了强烈的岩爆现象。

结构面的光滑程度、宽度及结构面间的填充物等也有着较大的影响，结构面越粗糙，其抗剪强度中的摩擦系数越高，对块体运动的阻抗能力越强，也就越容易发生岩爆；结构面的宽度越大或充填物越软弱，则压缩变形量也就越大，其抗滑移能力也越小，岩爆发生的可能性也就相应变小。

（5）工程环境因素

发生岩爆的地下工程环境因素由工程的埋深、渗流量及地震三个因素组成。其中工程埋深决定原岩应力的大小、方向与分布状况，直接影响工程的地质和环境状况。研究表明，随着开挖深度的增加，地应力呈线性或非线性增加趋势，在1 000 m以内的深度，水平方向的主应力大于垂直方向主应力，在1 000 m以上的深度，则刚好相反，垂直方向主应力却大于水平方向主应力。众多工程实例表明，岩爆的发生与地应力聚集有着密切的关系，在高地应力环境下岩石具有较高弹性模量，此时也容易发生岩爆。在实际工程中，地应力现场测量较为困难，再加上工程开挖扰动的影响，地应力会重新分布和积聚，是一个动态变化的量，在岩爆动态预测方法中，由于工程埋深直接反映了地应力的状况，一般可以采用工程埋深来替代原岩应力。由于构造应力和洞室埋藏深度较大时也会导致初始地应力较高，因此岩爆现象也可能会发生在浅部或发生在深部地下工程洞室围岩中。对于渗流量的影响，一般来讲，比较湿润的岩体较难发生岩爆，一方面主要是因为水具有降低岩石颗粒间表面能的能力，从而引起岩石软化；另一方面，渗流量较大的岩体内部节理、裂隙发育好，数量多，而且空隙率高，降低了岩体的强度和弹性模量，泊松比增加，黏结力降低，因此贮存的弹性变形能减少。地震也是触发岩爆的一个重要外因，当岩体处于多震区时，由地震产生的具有巨大能量的弹性波的快速传播，可让处于临界状态的岩体受到扰动而发生失稳破坏，从而导致岩爆发生。据资料不完全统计，有大约20%的岩爆是由地震引发的。

（6）开挖因素

岩体工程的开挖破坏了岩体中原始应力的平衡状态，导致开挖周围一定范围内的岩体中发生应力重新分布。这种应力的重新分布与岩体工程的规模以及隧道的形状有着密切的关系，理论分析表明，非圆形洞室的应力重分布不均匀程度最高，一旦隧洞某部位的应力值达到或超过发生岩爆的临界值时，就会发生岩爆。

对于横断面为圆形的隧道，其圆周上的最大压应力出现在岩体初始最大主应力 σ_1 和地下工程周边相交的部位，假设这个部位为 A 点，而二次应力重分布产生的最大拉应力点出现在岩体初始最小主应力 σ_3 和地下工程周边相交的部位，此部位假设为 B 点，则岩体不同初始应力状态下，地下工程最大拉应力点与压应力点的切向应力分布情况如图 3-4 所示。

当隧道的横断面为圆拱直墙式时(图 3-5)，其周边的二次应力分布与圆周隧道有较大的差别，当直墙高为圆拱半径的 1.8 倍情况下，在不同的初始应力条件下，隧道周边典型部位的应力分布情况如表 3-2 所示。

表 3-2　　圆拱直墙式隧道不同点围岩应力分布

σ_H/σ_V	A 点应力(×σ_V)	B 点应力(×σ_V)	C 点应力(×σ_V)	D 点应力(×σ_V)	E 点应力(×σ_V)
10	39	11.47	−8.73	−7.54	26.2
5	19	5.21	−3.22	−2.64	12.6
1	3	0.37	1.1	1.38	1.72
0.4	0.6	−0.36	1.74	1.87	0.1
0.1	−0.6	−0.72	2.07	2.16	−0.73

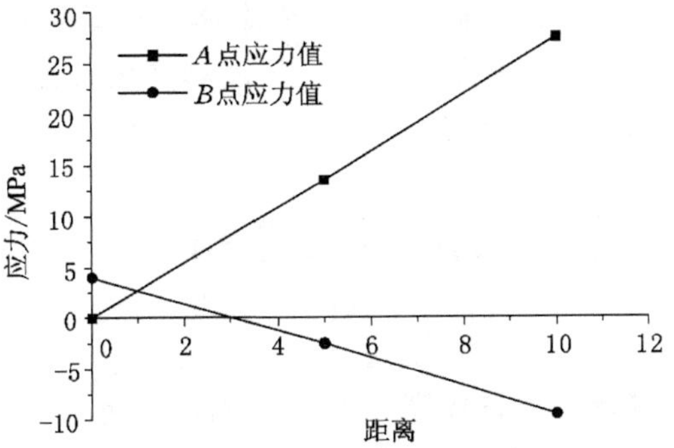

图 3-4　圆形隧道切向应力 σ_θ 分布图示

从表 3-2、图 3-4 和图 3-5 可以看出：第一，在隧道岩体初始应力场中，当垂直地应力远远大于水平地应力时，隧道开挖引起的二次地应力重分布会造成边拱部位和直墙部位压应力集中，这些部位最容易发生岩爆。第二，当水平地应力远远大于垂直地应力时，隧道开挖引起的二次地应力重分布，其压应力就要集中在地下工程的拱顶和底板部位。因此拱顶和底板也是最容易出现岩爆的部位。第三，在同样的地应力环境下，圆形洞室应力集中效应小于直墙圆拱形洞室，因此，直墙圆拱形洞室发生岩爆的概率和烈度都要高于圆形洞室。

工程开挖因素主要有工程布置因素和洞室开挖因素两个方面，对于工程布置因素，弹塑性力学分析和工程岩体产生岩爆的实际表明，同样规格形状的岩体工程因布置方法不一样造成应力集中的部位和分布规律不一样，因此发生岩爆的概率也就不一样，当最大主应力方

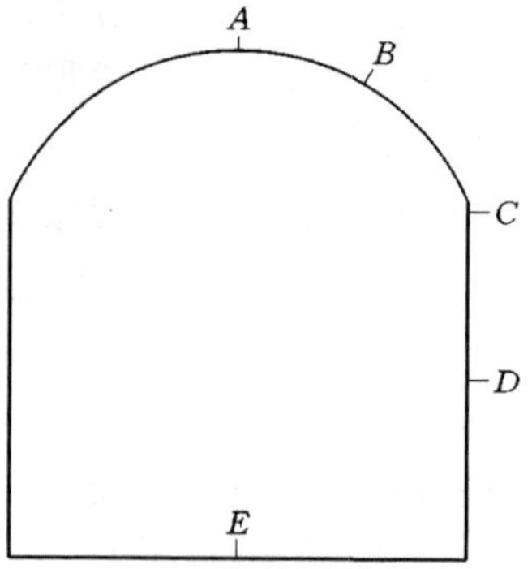

图 3-5　圆形隧道直墙式隧道应力点分布

向与围岩洞室的长轴方向一致时，应力的集中与破坏程度较小，岩爆发生的概率也较低；而它们相垂直时，应力的集中与破坏程序较大，岩爆发生的概率也较大。对于洞室的开挖影响，主要是每日工作面的开挖方式与爆破方法的影响。当工作面采用一次开挖工艺和分步开挖工艺，岩爆发生的概率也不一样，当采用一次开挖工艺时，应力的集中与破坏程度也较大，岩爆发生的概率也较大，而采用多次开挖时，应力的集中较为分散，破坏程度也较小，因此，岩爆发生的概率也较小。

另外，洞室开挖时采用的爆破方式也是发生岩爆的一个重要外因，近几年来，随着我国地下工程数量的大量增加以及规模的不断加大，人们发现岩爆的发生与爆破在时间和空间上都有着密切的联系，采用不同的爆破方式，工程岩体的外载荷大小在爆破的瞬间有很大的差别。爆破时产生的具有巨大能量的弹性波以 P 波和 S 波的方式快速在岩体内部传播，使得处于临界状态的岩体受到扰动突然发生失稳破坏。

3.6　隧道工程区地应力测量及分析

原岩地应力是岩体工程最重要的工程载荷，它是进行岩体工程问题研究的基本条件之一，也是分析工程岩体位移特征和破坏模式的基本因素。近年来，随着我国铁路、公路和水利等各种大型基础建设项目相继开展，项目场地的构造应力场特征对工程项目的影响已经得到工程界人士的高度重视，因此对工程建设区域进行构造应力场测试，对越岭隧道开挖方案的确定和预测施工时可能出现的工程地质问题，具有十分重要的意义。

一般利用地质学、测量学和地震学方法可以求得工程现场地应力场的方向和近似应力值。仪器量测方法如水压致裂法、应力恢复法和应力解除法等，可以同时得到地应力的大小和方向，但成本较高，测试比较困难。

后来，Goodman 等曾对岩石材料做过声学实验，发现岩石的声学特性具有对其受力历史的记忆功能[104]，后来，又有许多学者经过试验发现岩石材料的 Kaiser 效应在低应力范围内具有相似的方向独立性[105]。但其记忆的最大应力不超过破坏应力的 50%，在此基础之上，可将 Kaiser 效应方法应用到了工程实践当中。

将岩石声发射 Kaiser 效应用于研究地应力开始于 20 世纪 70 年代，通过对 Kaiser 效应的试验研究发现，岩石在 Kaiser 效应理论上不具有多期性[106]。与现场测试结果相比较，发现岩石 Kaiser 效应记忆的是现代地应力状态，而不是像金属材料那样记忆的是历史上的最大应力，因此，在计算地应力值时可借助微构造法成果，最后计算出地应力的大小和方向，利用 Kaiser 效应测量现代地应力的大小和方向具有速度快，障碍少和成本低等特点。

3.6.1 地应力测量原理

声发射 Kaiser 效应测定岩体的地应力的基本原理为：对取自地层中任一深度的经受过地应力作用的岩石，经实验室加工之后，利用岩石具有记忆残余应力的特性进行单轴压缩试验，再根据其 Kaiser 效应推算出测定地层的某一方向的单向应力值，最后由弹性理论求其主应力大小和方向。

岩石在受压荷载时具有声发射 Kaiser 效应，试验已经证明声发射的这种效应具有不可逆性[107]。岩石的 Kaiser 效应就是指受过应力作用的岩石再次加载时，如果没有超过以前的应力状态时，不(或很少)发生声发射信号的一种现象。岩石的 Kaiser 效应具有方向独立性，岩石在不同方向载荷作用下声发射 Kaiser 效应互相独立，各自记忆相应方向的应力历史。这也是 Kaiser 效应估测地应力的理论基础之一。

3.6.2 试验装置及过程

(1) 试件制作

自黑石岭隧道工程施工以来，在开挖隧道的拱腰和侧墙部位经常发现有成片、成块的岩石剥落和弹射现象。为了分析施工区现代地应力场特征，选用岩石场发射 Kaiser 效应来测定地应力，考虑到取钻孔岩芯确定岩样方位难度较大，在现场从隧道内取未扰动的块状岩石，该方法能准确地标出岩样的方位，完全满足试验的要求。试验岩样取自黑石岭隧道横通道侧壁的岩体，其岩性主要为弱～未风化白云岩。

取样后立即进行了试件的制备工作。采用了定向采取岩芯的方法，根据空间主应力按 3 个相互垂直的坐标方向 x,y,z 和 x,y,z 轴成 45°交角法向面的法线方向制备试件(图 3-6)。依据试验的传感器类型，制备的试件为圆柱体，试件的径高比为 1∶2.5～1∶3，且两端面的不平行度小于 0.02 mm，垂直度及平整度经手工精磨得以充分保证。各方向的试件数目均为 3 块。同时，在钻取岩芯之前首先确定了方向性，切好之后标好岩样的标号和方向。

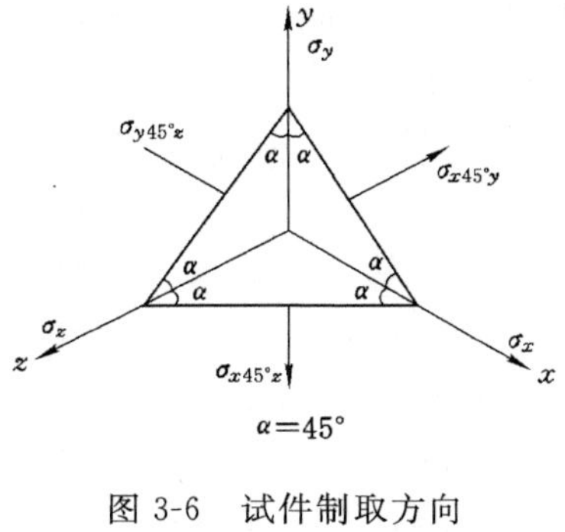

图 3-6 试件制取方向

(2) 试验装置

声发射是岩石(岩体)受力过程中发生的声学现象，表征它的参数与位移、压力等常规力学参数明显不同，这就决定了获得声发射参数的方法与获得常规力学参数方法不同，表现为试验测试方法的不同。

在本试验中，声发射实验装置由试验加载设备、微机、控制电机、液压伺服刚性压力实验机，声发射采集系统(AE 声发射仪)组成。试验装置如图 3-7 所示。

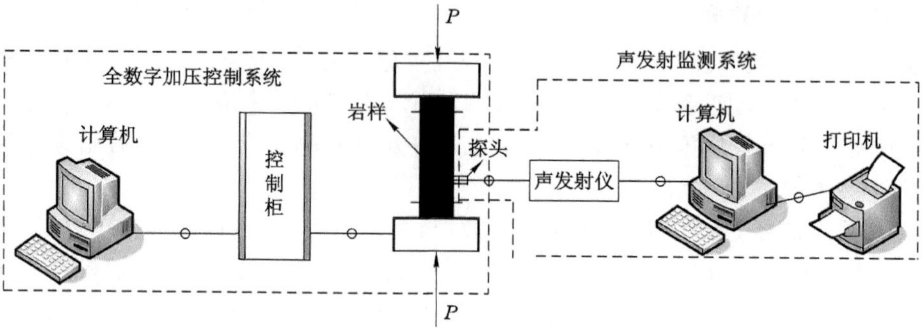

图 3-7 声发射试验装置图

(3) 试验过程

在所进行的试验中，对岩石声发射监测研究全部采用一次性加载的方式。岩石受力变形直至破坏全过程的声发射试验时，以恒定的加载速度保持加载过程与声发射监测系统同步进行。以等时间增量间隔分别读取和记录压力、应变、声发射事件等参数。对加载系统采用轴向位移控制加载，以恒定的加载速率 0.006 mm/min，保持声发射系统和加载系统的同步进行。对声发射系统，设定声发射监测的采样间隔为 50 μs，频率范围为 100～1 0000 Hz。为了尽可能减少噪音的干扰，选择高的声信号触发电平，电压为 3.6～4.5 mV，使试验只测定岩石受力破坏的声发射大事件。

3.6.3 地应力计算

(1) Kaiser 效应点的确定

通过试验发现岩石在峰值前的声发射事件与应力、应变之间的关系具有两种典型的类型：一类是声发射事件累积值曲线与应力应变相近似，在岩石的压密阶段几乎不出现声发射现象，即使有声发射率也较低，在进入弹性阶段时声发射事件迅速增加，即出现所谓的 Kaiser 效应的特征点。Kaiser 效应点一般出现在压密阶段的后期或弹性阶段的初期。在这一阶段声发射率保持在一个相对较低的水平，表明岩样内部裂纹逐渐增长，但尚处于稳定阶段。另一类为声发射事件累积值曲线几乎为线性直线，不出现或不明显出现 Kaiser 效应点。

Kaiser 效应点确定方法有多种，一般都是做出声发射累积数与时间或外加载荷(应力)的关系曲线，然后根据曲线的变化趋势求出曲线的斜率突变点，以突变点所对应的应力作为 Kaiser 效应点，也就是试件的先期应力。同时也可以以声发射率、累积能量、能率等对应力的响应曲线来寻找 Kaiser 效应突变点。

本次试验将两种方法综合运用，具体做法为：首先将实验记录的数据进行整理，得出声发射累积数和时间、应力关系，声发射率和时间、应力关系。利用绘图软件绘出曲线关系图，在关系图上以声发射急剧增加点为 Kaiser 效应点，确定先行应力，其一是从声发射率关系图上读取声发射率的急剧增点，其二是从声发射累积数关系图上读取累积曲线上的斜率突变点。

因本次试验采取一次性加载进行，因而部分岩样在加载过程中 Kaiser 效应点不明显或不很明显，可以考虑在以后的实验中用循环加载的方法进行再处理。在计算地应力值时，可借助微构造法成果，最后计算出地应力的大小和方向，同时，研究认为，应用 Kaiser 效应法测得的岩石试样地应力值应是新构造应力场最近时期的地应力。利用岩石声发射的 Kaiser 效应实测现代地应力场的大小和方向，具有速度快、成本低、障碍少等特点。

(2) 地应力计算方法

设利用 Kaiser 效应点对应的轴向力为 P_R，则有：

$$\sigma_R = P_R / F_R \tag{3-2}$$

式中 F_R——试件面积，$R=1,2,\cdots,R$ 为各组岩石的试件总数。

测点各方向正应力分量 σ_R 和应力分量 $\sigma_X, \sigma_Y, \sigma_Z, \tau_{XY}, \tau_{XZ}, \tau_{YZ}$ 的关系为：

$$\sigma_R = A_{R1}\sigma_X + A_{R2}\sigma_Y + A_{R3}\sigma_Z + A_{R4}\tau_{XY} + A_{R5}\tau_{YZ} + A_{R6}\tau_{ZX} \tag{3-3}$$

式中，

$$\begin{cases} A_{R1} = l_{ij}^2, A_{R2} = m_{ij}^2, A_{R3} = n_{ij}^2 \\ A_{R4} = 2l_{ij}m_{ij}, A_{R5} = 2m_{ij}n_{ij}, A_{R6} = 2n_{ij}l_{ij} \end{cases} \tag{3-4}$$

式中 $\sigma_X, \sigma_Y, \sigma_Z, \tau_{XY}, \tau_{XZ}, \tau_{YZ}$——大地坐标下的应力分量；

l_{ij}, m_{ij}, n_{ij}——试样各切线方向相应的余弦，i 为第 j 个测试方向($i=1,2,\cdots,6$)，j 为 i 方向的第 j 个试件($j=1,2,\cdots,m_R$)，$m_R = i \times j$ 为各方向试件数。

则式(3-3)的矩阵形式可以用式(3-5)来表示：

$$[\mathbf{A}]\{\boldsymbol{\sigma}\} = \{\boldsymbol{\sigma}\}_R \tag{3-5}$$

其中，$\{\boldsymbol{\sigma}\}$为 6 个应力分量组成的阵列，$[\mathbf{A}]$为 $m_R \times 6$ 阶系数矩阵。

根据式(3-5)，采用最小二乘法，即可求得最佳应力分量$\{\boldsymbol{\sigma}\}$。

由三次方程

$$\sigma^3 - J_1\sigma^2 - J_2\sigma - J_3 = 0 \tag{3-6}$$

可得各主应力值：

$$\begin{cases} \sigma_1 = 2\sqrt{\dfrac{-P}{3}}\cos\dfrac{\omega}{3} + \dfrac{1}{3}J_1 \\ \sigma_2 = 2\sqrt{\dfrac{-P}{3}}\cos\dfrac{\omega+2\pi}{3} + \dfrac{1}{3}J_1 \\ \sigma_3 = 2\sqrt{\dfrac{-P}{3}}\cos\dfrac{\omega+4\pi}{3} + \dfrac{1}{3}J_1 \end{cases} \tag{3-7}$$

式中 $P = -\dfrac{1}{3}J_1^2 + J_2$；

$\omega = \arccos\left[-\theta/2\sqrt{\dfrac{-P}{2}}\right]$；

$\theta = -\dfrac{2}{27}J_1^3 + \dfrac{1}{3}J_1J_2 - J_3$。

其中 J_1，J_2 和 J_3 为应力状态的三个不变量，分别为：

$$\begin{cases} J_1 = \sigma_X + \sigma_Y + \sigma_Z \\ J_2 = \sigma_X\sigma_Y + \sigma_Y\sigma_Z + \sigma_Z\sigma_X - \tau_{XY}^2 - \tau_{YZ}^2 - \tau_{ZX}^2 \\ J_3 = \sigma_X\sigma_Y\sigma_Z - \sigma_X\tau_{YZ}^2 - \sigma_Y\tau_{ZX}^2 - \sigma_Z\tau_{XY}^2 + 2\tau_{XY}\tau_{YZ}\tau_{ZX} \end{cases} \tag{3-8}$$

根据式(3-7)和式(3-8)可得到主应力方向的解：

$$\begin{bmatrix} \sigma_i-\sigma_X & \tau_{XY} & \tau_{XZ} \\ \tau_{XY} & \sigma_i-\sigma_Y & \tau_{YZ} \\ \tau_{XZ} & \tau_{YZ} & \sigma_i-\sigma_Z \end{bmatrix}\begin{bmatrix} l_i \\ m_i \\ n_i \end{bmatrix}=0 \tag{3-9}$$

$$l_i^2+m_i^2+n_i^2=1 \tag{3-10}$$

当 $i=1,2,3$ 时，可得：

$$\left.\begin{aligned} l_i&=1/\sqrt{1+a^2+b^2} \\ m_i&=al_i \\ n_i&=bl_i \end{aligned}\right\} \tag{3-11}$$

在式(3-11)中，a 和 b 的取值分别为：

$$a=\frac{(\sigma_i-\sigma_X)\tau_{YZ}+\tau_{XY}\tau_{XZ}}{(\sigma_i-\sigma_Y)\tau_{XZ}+\tau_{XY}\tau_{YZ}};b=\frac{(\sigma_i-\sigma_X)(\sigma_i-\sigma_Y)-\tau_{XY}^2}{(\sigma_i-\sigma_Y)\tau_{XZ}+\tau_{XY}\tau_{YZ}} \tag{3-12}$$

根据式(3-12)即可计算主应力角度与方向：

$$\begin{cases} \alpha_i=\arcsin n_i \\ \beta_i=\arcsin(m_i/\cos\alpha_i) \end{cases} \tag{3-12}$$

式中 α_i——倾角，主应力 σ_1 与 XOY 平面的夹角，仰角为正，俯角为负；

β_i——方位角，即主应力 σ_1 在 XOY 平面上的投影与 X 轴的夹角，逆时针为正，顺时针为负。

3.6.4 试验结果及分析

根据 3.6.3 节由弹性理论推导出来的地应力公式及岩石声发射 Kaiser 效应试验所得到的数据求得主应力大小及其方向，见表 3-3。

表 3-3　Kaiser 效应地应力测量结果

测点编号	取样深度/m	主应力	方位/(°)	量级/MPa	倾向	倾角
测点 1	215	σ_1	17.24	28.98	SW	27.83
		σ_2	65.15	14.73	NE	72.15
		σ_3	51.81	5.19	SE	15.24
测点 2	220	σ_1	35.24	28.40	SW	38.63
		σ_2	42.61	15.27	SE	51.24
		σ_3	51.39	6.78	NW	15.32
测点 3	230	σ_1	31.47	27.33	SW	19.24
		σ_2	19.87	17.76	NE	64.31
		σ_3	51.81	6.08	SE	24.25

利用岩石的 Kaiser 效应测量得出的地应力，因受多种因素影响，其测量得出的结果是岩石性质、风化程度、试件制备、测试数据以及取样点地质、地貌特性的综合反映。因此该试验成果仅表示黑石岭隧道三个测点处白云岩的地应力。这 3 个测点的最大主应力值分别为 28.98 MPa、28.40 MPa 和 27.33 MPa，均大于 20 MPa，平均值为 28.24 MPa；倾角分别为

27.83°、38.63°、19.24°;方位分别为 N17.24°E、N35.24°E、N31.48°E。

从试验结果可以得出,岩石试样的主应力并没有随着埋深增加而逐渐增大的趋势,说明主应力大小与埋深关系不是很大,主应力的大小主要是构造应力引起的,这也合理地解释了为什么黑石岭隧道在埋深不足 250 m 的研究区域发生了岩爆现象。

3.7 本章小结

(1) 本章给出了黑石岭隧道工程概况,描述了隧道隧址区自然地理环境水文地质条件以及工程地质条件,并对隧道工程地质进行了评价,并对黑石岭隧道岩爆发生里程段状况及岩爆特征进行了描述。

(2) 通过对引起地下工程岩爆发生的应力和围岩岩性、地质、环境、地下开挖等因素进行分析并利用 Kaiser 效应地应力测量试验来分析黑石岭隧道发生岩爆的可能性,合理地解释了为什么黑石岭隧道在埋深不足 250 m 的研究区域发生了岩爆现象。

(3) 张(家口)石(家庄)高速公路黑石岭隧道为贯通张石高速二期工程全线的关键性工程,穿越的太行山区,岩性为干燥的硬脆性微—未风化白云岩,虽然埋深不足 250 m,但地质环境复杂,浅表生作用明显,地质构造属于典型的大倾角向斜构造。种种迹象表明该隧道隧址区具有多种引起岩爆的影响因素。这一点结论可作为类似工程地质环境的高速公路选线的借鉴。

4 研究区域岩石力学试验及岩爆室内实验研究

根据对隧道施工段的地质调查，结合本书研究目标，北京科技大学土木与环境工程学院岩石力学试验室对黑石岭隧道岩爆段岩石进行了物理力学性质试验，并委托中国矿业大学(北京)对黑石岭隧道项目的灰质白云岩进行岩爆实验。试验项目有：岩石变形破坏全过程试验、岩石反复加载—卸载试验、岩石软化性试验、岩石抗拉强度试验。试验工作依照《水利水电工程岩石试验规程》(SL 264—2001)和《工程岩体试验方法标准》(GB/T 50266—2013)进行。

4.1 岩石力学试验研究

4.1.1 岩石变形破坏全过程试验分析

鉴于岩爆发生的整个过程比较复杂，影响因素较多，不仅与埋藏深度和地应力环境有关，也与工程区围岩的力学属性、岩体结构特征等属性关系密切。因此在地应力测点处采集了 3 组试件进行了室内单轴压缩刚性实验。试验仍采用 GAW—2000 型微机控制电液伺服刚性压力试验机完成，该系统可以通过压力控制和位移控制两种方式，自动生成荷载—位移、全应力—应变、应力—时间等曲线。

本试验选取的样品为 9 块直径 50 mm、高 100 mm 的圆柱形岩石试样。加载系统首先采用负荷控制模式，加载速率为 100 N/s，计数间隔为 1 s。观察轴向应力—应变曲线的变化特征，并根据其屈服特性预测加载目标值，要求目标值不大于样品抗压强度的 2/3(本试验约定 70 MPa)。负荷控制模式有利于提高试验效率，节省岩样弹性段的加载时间。应力达到目标值后改用位移控制模式，加载速率为 0.01 mm/min，加载目标值为 2 mm。通常情况下，在达到 2 mm 位移之前样品就会破坏。

位移控制模式可以很好地控制变形量，有利于变形的缓慢进行，确保获得完整的全应力—应变曲线。试验获得的全应力—应变曲线如图 4-1 所示。各试件的抗压强度及破坏模式记录见表 4-1。试验获得的全应力—应变曲线如图所示。隧道钻探勘测时所测得的岩石物理力学性质试验结果如表 4-2 所示。

由表 4-1 可知，同一测点处岩石强度值的离散性均较大。这是由于测点 1 和测点 3 处围岩具有节理裂隙，微裂隙的不同导致岩样的抗压强度相差较大。从岩石破坏模式来看，测点 2 处均为拉张破坏，而测点 1 和测点 3 处拉张和剪切两种破坏模式并存，这也是由这两测点处岩性的不均一性造成的。

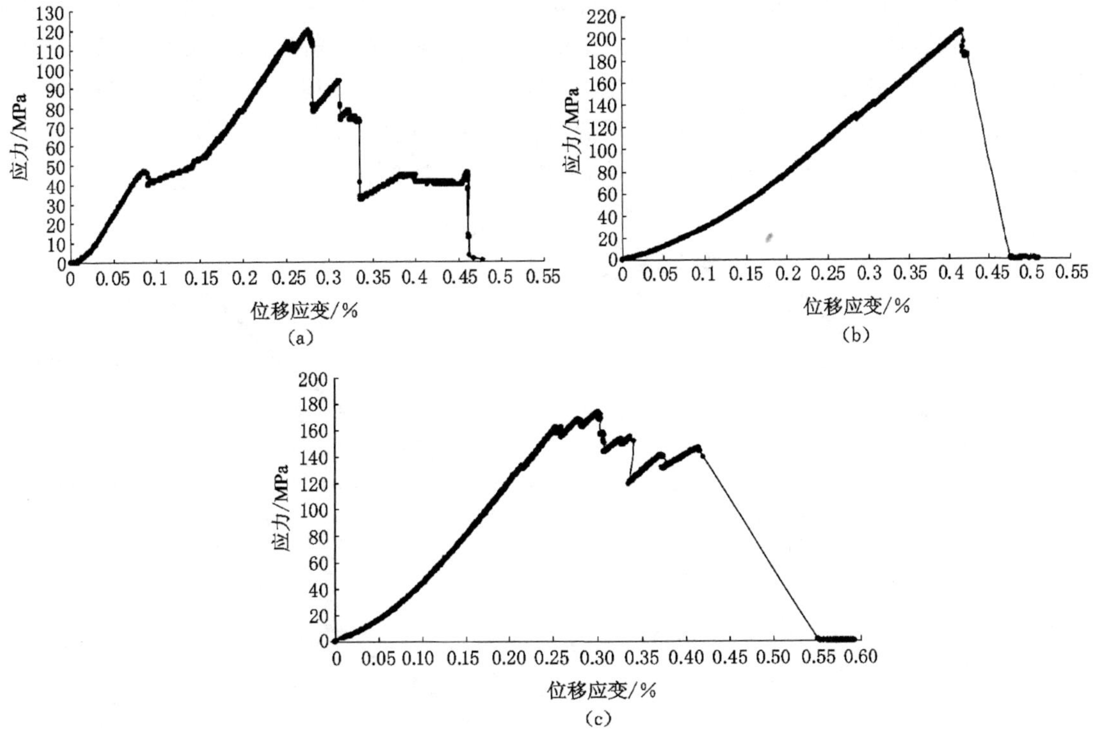

图 4-1　测点 1 处试件全应力—应变曲线

(a) 试件 1-1;(b) 试件 1-2;(c) 试件 1-3

表 4-1　　**单轴刚性压缩试验数据记录表**

地应力测点	测点 1			测点 2			测点 3		
样品编号	1-1	1-2	1-3	2-1	2-2	2-3	3-1	3-2	3-3
单轴抗压强度/MPa	119.2	215.5	176.6	168.4	152.4	200.6	183.3	168.5	120
平均抗压强度/MPa	170.4			173.8			157.3		
破坏模式	剪切	拉张	拉张	拉张	拉张	拉张	拉张	拉张	剪切

表 4-2　　**岩石物理力学性质试验结果表**

钻孔编号	取样深度	岩石名称	密度/(g/cm^3)	单轴抗压强度/MPa	弹性模量/GPa	泊松比
HSZK4-16	165.60～165.85	白云岩	2.71	167.76	65.75	0.32
HSZK4-19	205.70～206.00	白云岩	2.81	170.10	67.21	0.36
HSZK4-20	215.80～216.00	白云岩	2.83	147.20	63.25	0.29
HSZK4-22	230.00～230.25	白云岩	2.58	153.60	69.36	0.35
HSZK4-23	234.50～234.70	白云岩	2.69	156.30	72.32	0.28
HSZK4-24	237.50～237.70	白云岩	2.73	149.00	70.12	0.31
HSZK4-26	243.40～243.65	白云岩	2.83	115.10	64.80	0.26
HSZK4-27	246.06～246.26	白云岩	2.80	125.80	70.18	0.37
HSZK4-28	248.50～248.75	白云岩	2.83	120.20	71.91	0.28

分析图 4-1 至图 4-3 发现，抗压强度较高的岩石突然破裂的特征更为显著，且均表现为拉张破坏模式，如 1-2 号和 2-3 试件即为典型的瞬间拉张破坏，样品 2-3 的破坏模式如图 4-4 所示。试验中声响较大，破坏力表现突出。测点 3 处样品表现稍弱，但仍为强度迅速降低的拉张破坏。1-1 号样品和 3-3 处样品均表现出剪切破坏属性，试验中无明显的破坏声响。可见，测点 1 和测点 3 处均具有岩爆倾向性，而测点 2 处岩爆倾向性更高。

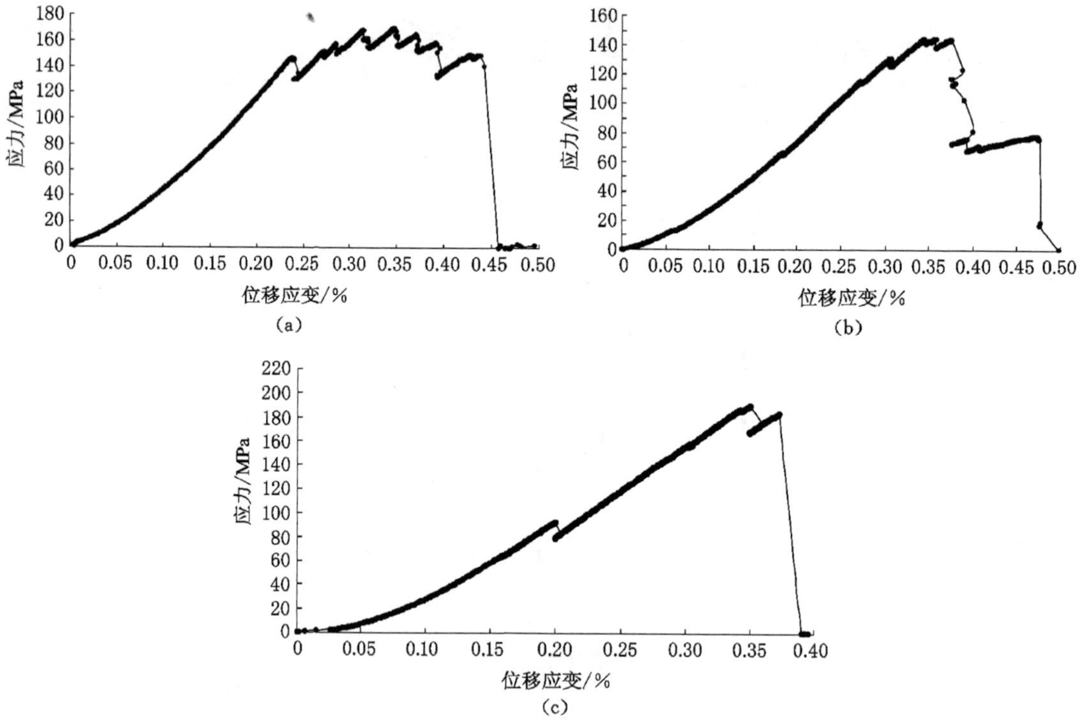

图 4-2 测点 2 处试件全应力—应变曲线

(a) 试件 2-1；(b) 试件 2-2；(c) 试件 3-3

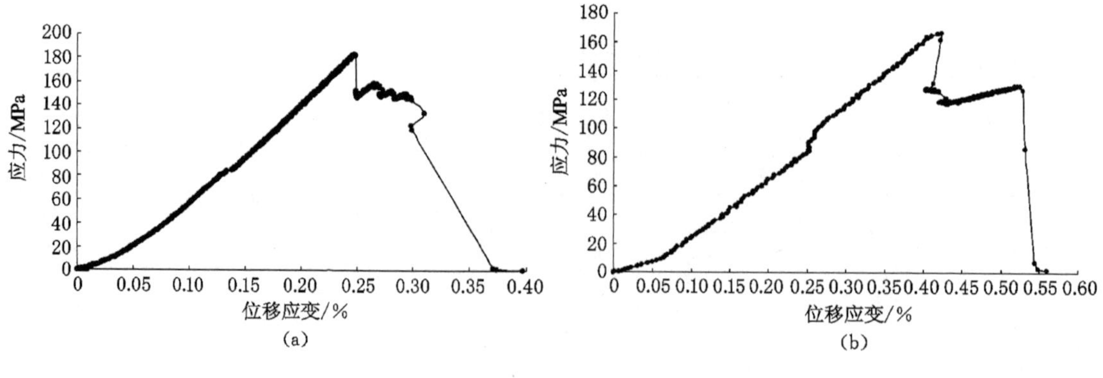

图 4-3 测点 3 处试件全应力—应变曲线

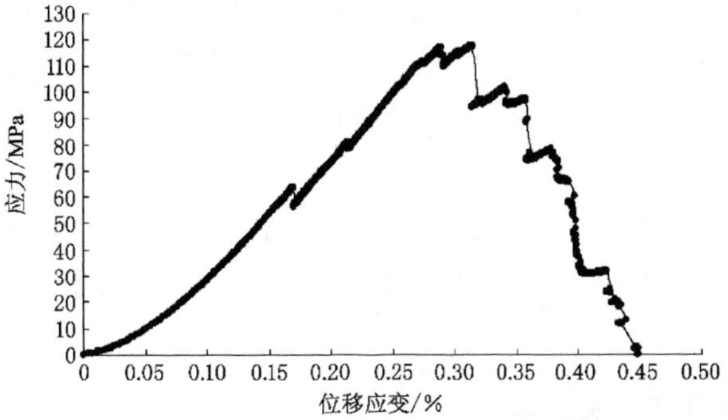

(c)

续图 4-3　测点 3 处试件全应力—应变曲线

(a) 试件 3-1;(b) 试件 3-2;(c) 试件 3-3

综合上述分析发现,岩石的单轴抗压强度越高则脆性破坏属性越显著,宏观上越接近拉张破坏模式。破坏时声响较大,破坏力较强。结合岩石属性及节理发育情况看,测点 2 处发生岩爆的倾向性最高,测点 1 和测点 3 处次之。

4.1.2　岩石反复加载—卸载试验

为了进一步验证黑石岭隧道岩石发生岩爆的倾向性,在测点 1 和测点 2 处采集岩石试样进行了岩石反复循环加—卸载试验。试件试验前后对比见图 4-4。其典型的加—卸载曲线如图 4-5 所示。

(a)　　(b)

图 4-4　试件试验前后对比

(a) 试验前;(b) 试验后

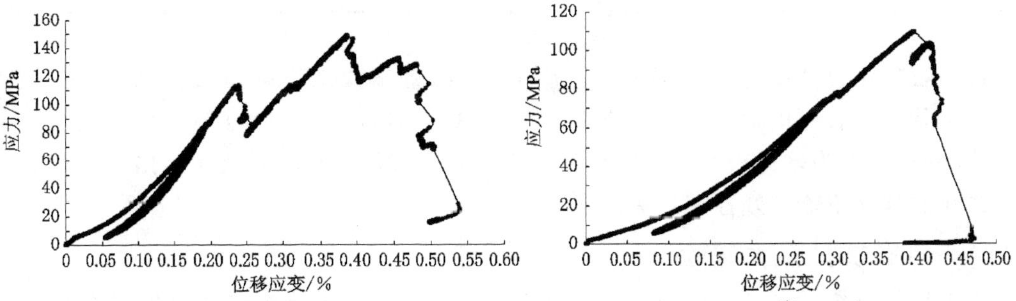

(a)　　(b)

图 4-5　测点加—卸载全过程曲线

(a) 测点 1 处;(b) 测点 2 处

由图 4-4(a)和图 4-4(b)所示，从测点 1 和测点 2 处试件反复加—卸载曲线变化规律可以看出岩石卸载所释放的弹性应变能远大于岩石所耗损的弹性应变能，在岩石的破坏过程中有发生弹性应变能突然释放引起岩爆灾害的可能。

4.1.3 岩石软化试验

为了获得测点 1 和测点 2 处岩石的软化性，以便确认采用现场喷注水对岩爆防治是否起到作用，进行了岩石软化性试验。结果如图 4-6 和表 4-3 所示。

(a)

(b)

图 4-6 岩石软化试验过程及结果

浸水饱和抗压强度为：

$$\sigma_{浸水}=4P/\pi D^2 \tag{4-1}$$

式中 $\sigma_{浸水}$——岩石的浸水饱和抗拉强度，MPa；

P——试样破坏时的最大载荷，kN；

D——试样直径，mm。

表 4-3 岩石软化强度试验结果汇总

试样编号	直径 D/mm	高度 H/mm	实测值/kN	饱和抗压强度/MPa	软化系数
6-5	49.60	95.24	161.7	83.72	0.76
6-6	49.80	89.59	167.6	86.08	0.78

由岩石软化强度试验结果和岩石变形破坏全过程试验结果可知，试样浸水饱和强度相对于天然状态下岩石单轴抗压强度降低不大，该隧道围岩岩石不属于软化岩石(软化系数小于 0.75 的岩石称为软化岩石)，说明该隧道围岩喷水或注水后其强度不会出现明显的变化，喷水或注水软化不能有效控制岩爆的发生。

4.1.4 岩石抗拉强度试验

岩石抗拉强度试验又称劈裂试验或巴西试验。加载设备为液压式万能材料试验机，以每秒 0.3～0.5 MPa 的加载速度加荷，直到试样破坏，并记录最大破坏载荷。结果如图 4-7 和表 4-4 所示。

(a)　　　　　　(b)

图 4-7　岩石劈裂试验过程及结果

抗拉强度公式为：

$$\sigma=2P/\pi DH \tag{4-2}$$

式中　σ——岩石的抗拉强度，MPa；

P——试样破坏时的最大载荷，kN；

D——试样直径，mm；

H——试样厚度，mm。

表 4-4　　　　**岩石劈裂试验结果汇总**

试样编号	直径 D/mm	高度 H/mm	实测值/kN	抗拉强度/MPa
4-1	49.83	28.90	26.23	11.60
4-2	49.79	28.79	27.12	12.05
4-3	49.85	28.10	24.17	11.39

4.2　岩爆发生静力学机制分析

4.2.1　强度理论分析

早期的强度理论着眼于岩体的破坏原因，认为地下工程围岩产生应力集中，当应力集中程度达到岩石强度极限时，岩层发生突然破坏，即产生岩爆。近代强度理论认为：岩体承受的应力 σ 与其强度的比值，即 $\sigma/\sigma'\geqslant1$ 时，导致岩爆发生。国内代表性强度理论可表述为 $\sigma>(0.15\sim0.20)R_c$，σ 为岩体的初始应力，R_c为岩块的单轴抗压强度。

基于上述理论，首先结合地应力测量数据及岩石力学试验结果，分别求得 3 个测点处岩石的强度理论值：测点 1 处的强度理论值为 $R_c/\sigma_{max}=170.4/28.98\approx5.88$；测点 2 处的为 6.12；测点 3 处的为 5.75。根据表 4-5 所示所以我国高地应力判别标准可知，隧道工程区属高地应力区。根据表 4-2 可知测点 1、2 和 3 处的密度为 2.83 g/m³。埋深分别为 215 m、220 m 和 230 m，由此得出测点 1、2 和 3 处的自重应力 σ_v 分别为 5.96 MPa、6.10 MPa 和

6.51 MPa，而由表 3-3 可知测点 1、2、3 处的最大主应力分别为 28.98 MPa、28.40 MPa 和 27.33 MPa。由此可知测点 1、2、3 处的 $N(N=\sigma_{max}/\sigma_V)$ 分别为 4.862>1、4.656>1、4.199>1。根据地应力分级方案可知这 3 个测点均为高地应力区。综上各种强度判断方法均说明隧道工程区属高地应力区，具有发生岩爆的条件。

表 4-5　　我国高地应力判别标准

应力情况	主要现象	R_c/σ_{max}
极高应力	1. 硬质岩：开挖过程中时有岩爆发生，有块体弹出，洞壁岩体发射剥离，新生裂缝多，成洞性差；基坑有剥离现象，成形性差。 2. 软质岩：岩芯有饼化现象，开挖过程中洞壁岩体有剥离，位移极为显著，甚至发生大位移，持续时间长，不易成洞；基坑发生显著隆起或剥离，不易成形	<4
高应力	1. 硬质岩：开挖过程中可能出现岩爆，洞壁岩体有剥离和掉块现象，新生裂缝较多，成洞性较差；基坑有剥离现象，成形性一般较好。 2. 软质岩：岩芯时有饼化现象，开挖过程中洞壁岩体移位显著，持续时间较长，成洞性差；基坑发生有隆起现象，成形性较差	4～7

4.2.2　冲击能量指数分析

岩石冲击能分析是较常用的岩爆分析理论之一。该理论由岩石的全应力—应变曲线图确定，计算公式为：

$$W_{cf}=F_1/F_2$$

式中　W_{cf}——冲击能量指数；

F_1——岩石加载所积聚的能量，即岩石全应力—应变曲线图中以峰值荷载为界的左半部分曲线与应变坐标轴围成的面积；

F_2——岩石破坏所释放的能量，即岩石的全应力—应变曲线图中以峰值荷载为界的右半部分曲线与应变坐标轴围成的面积。

图 4-8 为试件 1-1 冲击能量指数计算图，其他试件的冲击能量指数计算与试件 1-1 计算类似。表 4-6 为冲击能量指标表。

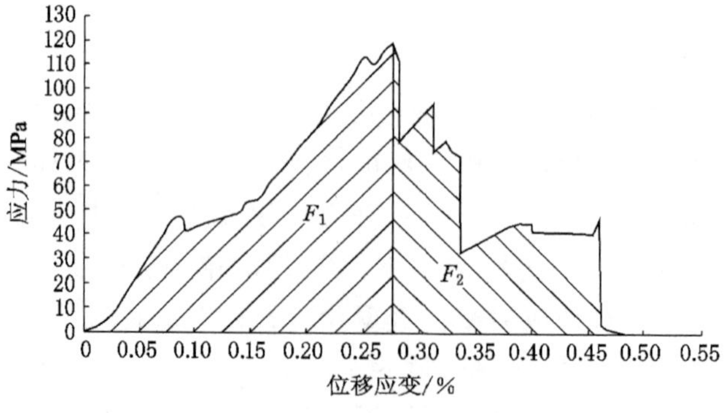

图 4-8　试件 1-1 冲击能量指数计算图

表 4-6 国内外岩爆倾向性指标判据对比表

指标名称	内容	岩爆预测结果		
冲击能量指标 W_{cf}	岩石加载所积聚的能量 F_1 与岩石破坏所释放的能量 F_2 之比 $W_{cf}=F_1/F_2$	$W_{cf}<1$	$W_{cf}=1$	$W_{cf}>1$
		不发生	不确定	可能发生

由图 4-1 可获得测点 1 处冲击能指标 W_{cf}：试件 1-1 为 217.005 2/144.971 3=1.497，试件 1-2 为 314.663 0/51.187 9=6.147，试件 1-3 为 286.652 1/123.814 2=2.315，平均 3.32。由图 4-2 可获得测点 2 处冲击能指标 W_{cf}：试件 2-1 为 391.811 8/127.381 3=3.076，试件 2-2 为 301.896 0/91.267 0=3.308，试件 2-3 为 383.800 6/16.740 3=22.926 7，平均为 9.804。由图 4-3 可获得测点 3 处冲击能指标 W_{cf}：试件 3-1 为 256.485 7/161.149 8=1.592，试件 3-2 为 321.300 2/138.0783=2.328，试件 3-3 为 226.501 1/107.179 5=2.113，平均 2.011。于是得到 3 个测点处岩石的冲击能指标的排序：测点 2>测点 1>测点 3，且均大于 1，由此可知研究隧道工区域内具有发生岩爆的可能。

4.2.3 弹性能量指标分析

岩石弹性能量指标分析是岩石岩爆分析常用的理论。该理论由岩石的加卸载应力—应变曲线图确定，计算公式为：$W_{et}=\varphi_p/\varphi_t$，$W_{et}$为弹性能量指数；$\varphi_t$ 为岩石所耗损的弹性应变能（即为岩石加载到峰值强度 80%的曲线和卸载曲线以及应变坐标轴所围成的面积）；φ_p 为岩石卸载所释放的弹性应变能（即岩石加载到峰值强度 80%的曲线和卸载曲线以及应变坐标轴所围成的面积）；图 4-9 为试件测点 2 处弹性能量指数计算图，测点 1 处的弹性能量指数计算与测点 2 处类似。表 4-7 为弹性能量指数指标表。

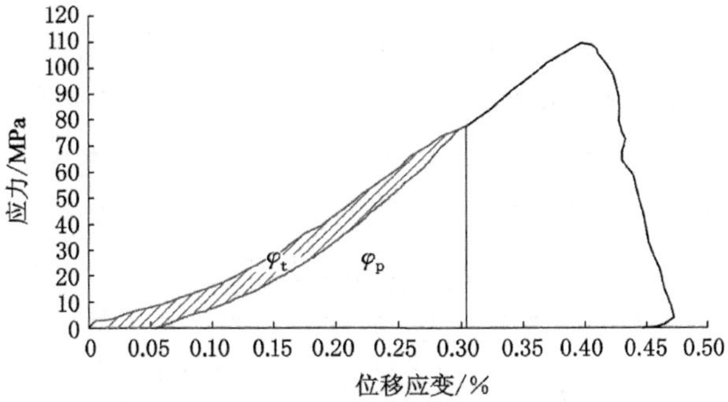

图 4-9 测点 2 处弹性能量指数计算图

表 4-7 岩爆倾向性弹性能指标表

指标名称	内容	岩爆预测结果		
弹性能量指标 W_{et}	岩石卸载所释放弹性应变能 φ_p 与耗损的弹性应变能 φ_t 的比值	$W_{et}<2$	$5>W_{et}>2$	$W_{et}>5$
		无岩爆	中、低等岩爆	严重岩爆

根据图 4-4(a)和图 4-4(b)和弹性能量指数计算公式可求出测点 1 处弹性能量指数为 241.363 5/69.638 5=3.465；测点 2 处的弹性能量指数 740.521 2/103.302 0=7.168。因测点 1 处的 $5>W_{et}>2$，由表可知属发生中、低等岩爆范畴，测点 2 处的 $W_{et}>5$，由表 4-7 可

知属发生严重岩爆的范畴。因此该隧道研究的工程区域围岩具有发生岩爆的条件。

4.2.4 能量储耗指标分析

岩石的抗压强度与抗拉强度之比和应力—应变曲线峰值前总应变与峰值后总应变之比的乘积称为能量储耗指数，记为 $K=(\sigma_c/\sigma_t)\times(\varepsilon_f/\varepsilon_b)$，$K$ 为能量储耗指数，σ_c 为岩石抗压强度，σ_t 岩石抗拉强度，ε_f 为岩石应力—应变曲线峰值前总应变，ε_b 为岩石应力—应变曲线峰值后总应变。岩石能量储耗指数指标表见表 4-8。

表 4-8　　岩石能量储耗指数指标表

指标名称	内容	岩爆预测结果		
能量储耗指数 K	岩石抗压强度与抗拉强度之比和应力应变曲线峰值前总应变与峰值后总应变之比的乘积	$K<20$	$130>K>20$	$K>130$
		无岩爆	中等岩爆	强岩爆

又由图 4-1 至图 4-3 可求得测点 1 处的应力—应变曲线峰值前总应变的平均值为 0.328，应力—应变曲线峰值后总应变平均值为 0.174，测点 2 处应力—应变曲线峰值前总应变的平均值为 0.353，应力—应变曲线峰值后总应变平均值为 0.1，测点 3 处应力—应变曲线峰值前总应变的平均值为 0.316，应力—应变曲线峰值后总应变平均值为 0.14。最后可计算出测点 1 处的岩石能量储耗指数为 27.69；测点 2 处的岩石能量储耗指数为 50.126；测点 3 处的岩石能量储耗指数为 33.812。各测点处 $130>K>20$，从而可知各测点处均可发生中等岩爆，而测点 2 处发生岩爆的烈度较测点 1、3 处高。从而可知隧道工程区岩体具有发生岩爆的条件。

4.2.5 岩石脆性系数分析

岩石的单轴抗压强度与抗拉强度之比称为脆性系数，记为式 $B=\sigma_c/\sigma_t$，B 为岩石的脆性系数，σ_c 为单轴抗压强度(MPa)，σ_t 为单轴抗拉强度(MPa)。为得到岩石的脆性系数值，采用巴西法进行了劈裂实验，所得 3 个测点处岩样的平均抗拉强度见表 4-4。3 个测点的平均单轴抗压强度见表 4-1，岩石脆性系数指标见表 4-9。

表 4-9　　岩石脆性系数指标表

指标名称	内容	岩爆预测结果			
岩石脆性系数 B	岩石的抗压强度和抗拉强度之比	$B>40$	$26.7<B<40$	$14.5<B<26.7$	$B<14.5$
		无岩爆	弱岩爆	中等岩爆	强岩爆

根据试验结果，将各测点岩石的脆性系数列于表 4-10。

表 4-10　　地应力测点处岩石脆性系数 B 计算结果

地应力测点	测点 1	测点 2	测点 3
平均抗压强度	170.4	173.8	157.3
平均抗拉强度	9.6	10.1	8.8
脆性系数	17.63	17.04	17.98
岩爆倾向	中等岩爆	中等岩爆	中等岩爆

4.2.6 岩爆发生静力学机制分析总结

综合以上各项分析可知，测点 2 处最为危险，这也与实际情况相吻合。现场调查得知，测点 1 处曾发生过围岩表层岩石爆裂剥落的岩爆现象，伴随轻微的破裂声响，但无显著的岩块弹射且规模较小，这应与围岩解理发育和岩性均一度较差有关。虽然局部区域岩石强度较高(如 1-2 试件)，但因周围岩块发育的节理和岩性不均一，为弹性应变能释放提供了一定的变形空间，于是削弱了岩爆释放的能量。相对而言，测点 2 处岩爆现象最明显，伴随破裂声响，围岩以碎块形式弹射，弹出距离超过 1.0 m 且伴随干岩粉喷冒。这与围岩强度较高且均一性较好有关，围岩主要矿物成分为灰色白云石，黏土矿物含量不足 0.5%，坚硬，性脆。测点 3 处有围岩表层岩石爆裂剥落的岩爆现象，但无明显弹射。相对于测点 1 和 2 而言，测点 3 处不易发生岩爆，但若应力集中条件足够，潜在的岩爆威胁依然存在。总之，通过静力学机制分析可知虽然黑石岭隧道相对国内外发生岩爆的工程实例埋深较浅，只有 250 m，但隧道工程区域内发生岩爆的条件是存在的。

4.3 岩爆试验内容及方案

4.3.1 岩爆试验系统简介

深部岩爆过程模拟实验系统是由中国矿业大学(北京)等单位开发研制的。该系统中由突然卸载的装置、岩石声发射测试系统和高速数据采集系统等三部分组成，可以模拟巷道开挖过程中岩体某一方向在短时间内卸载，形成临空面，进而发生岩爆破坏的工程现象并进行有关物理力学量的测试。

深部岩爆过程模拟实验系统硬件由主机、液压控制机构和数据采集仪 3 个部分组成，如图 4-10 所示。

图 4-10 岩爆过程模拟实验系统

主机：最大加载压力 450 kN，在满量程的情况下荷载精度小于 0.5%FS。加载系统三向独立，通过三向刚性压头实现对试样均匀加载，单方向可快速卸载使传力杆及加载压头快速掉落，暴露该方向的试件表面，图 4-11 给出了传力杆及压头掉落示意图。

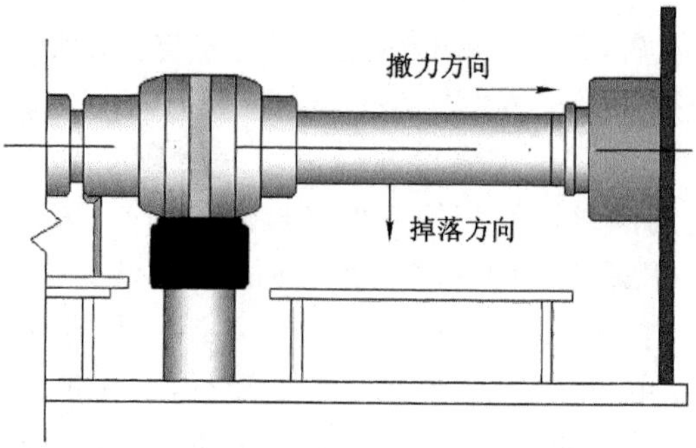

图 4-11　传力杆及压头掉落示意图

数据采集仪：由力和位移传感器、应变放大器(DSG9803)、数据动态采集仪(最高采样率 100 ksps)、计算机及相关软件组成，可自动准确地采集大量测试数据并进行编辑处理。实验过程中，加载过程采用静态采集，采样率为 1 次/10 s；卸载时采用高速采集，采样率设为 1 万次/s，以便采集岩爆过程中力和位移的突然变化。

声发射仪：采用 PXWAE 声发射监测系统(图 4-12)，该系统由主机、恒流源、前置放大器和声发射传感器组成。实验时采样率为 1 M，声发射传感器探头灵敏度为 150 kHz。

图 4-12　PXWAE 声发射监测系统

1——主机(内置采集卡)；2——恒流源；3——前置放大器；4——传感器；5——采集的波形

4.3.2　岩爆试验方案

岩爆试验采取两种试验方案：方法Ⅰ(三向加载—单面突然卸载—轴向加载)和方法Ⅱ(三向加载—单面突然卸载—轴向保持)。为了反映现场实际情况，取样均来自发生岩爆里程段的隧道侧壁岩石。1# 试件和 2# 试件分别取自竖向构造应力发育区的隧道中和水平构造运动发育部位，取样深度为 215 m。试件均呈现浅灰色，质地坚硬、块状，表面可见微小孔洞并嵌有自生方解石晶体。X 射线衍射结果表明主要矿物成分为白云石、石英和长石，少量的黏土矿物含量占 0.3%。试验前对试件的尺寸测量和波速测试结果见表 4-11。

表 4-11　　试件基本信息

试件编号	岩性名称	尺寸/mm	质量/g	纵波经过长度方向时间/μs	密度/(g/cm³)	纵波速度/(m/s)
1#	白云岩	151.41×61.63×30.49	799.90	27.6	2.81	5 488
2#	白云岩	151.25×61.47×29.73	773.76	27.6	2.80	5 480

两个试件的安置方式和加载方式见图 4-13。1# 试件按图 4-13(a)方式放置，采用岩爆方法 Ⅰ 进行实验，2# 试件按 4-13(b)方式安置，采用岩爆方法 Ⅱ 进行实验。实验应力路径见图 4-14(a)及图 4-14(b)。

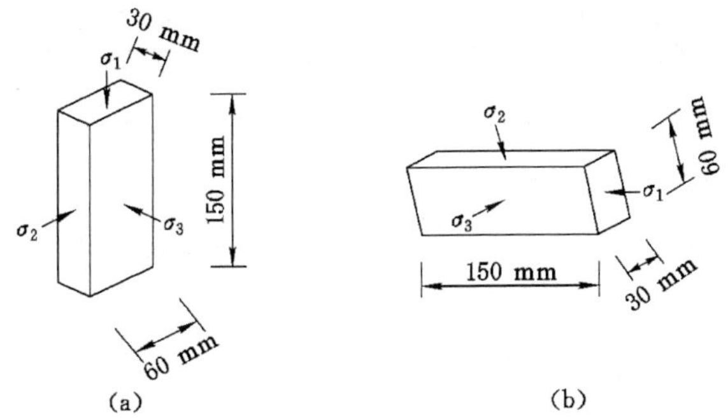

图 4-13　两种方法中样品安置及应力加载方式

按如下步骤进行岩爆实验：

① 试件放置：将实验用试样置于刚性支撑座上且试件中心与各方向加载中心重合。

② 接好各通道传感器：包括位移传感器、力传感器和声发射传感器。

③ 设置液压控制加载系统的压力值，其值要高于 5 MPa(最高实验应力)。

④ 启动数据采集软件和声发射监测软件并设置采集参数进行采集。

⑤ 岩爆初始应力加载：分级加载，每级间隔 5 min，匀速加载(加载速率 0.1 MPa/s)，三个方向应力均加至最小主应力 σ_3 后保持不变，均匀增加最大主应力 σ_1 及中间主应力 σ_2 至 σ_2 值，保持 σ_2 及 σ_3 不变，再增加 σ_1 至设计的 σ_1 应力值。

⑥ 保持三向应力状态 15～30 min。

⑦ 卸载：打开摄像机，然后保持其中两个方向应力值不变快速卸载第三个方向上的应力，或在快速卸载一方向应力后增加剩余两方向中的某一方向应力，保持另外一向应力不变。记录此实验过程中的声发射事件数、试件声响特征及试件暴露面等特征。

⑧ 单向卸载应力后，让试件存在暴露面的情况下保持 15～30 min，若没有发生岩爆破坏，则恢复试件卸载面的应力，并将三向应力加载至下一个应力状态(不同的应力状态对应着不同的工程深度)。

⑨ 按⑥～⑧步骤重复卸载实验直到试样某级载荷下单向卸载发生岩爆破坏为止。

⑩ 对岩爆破坏后的试件进行拍照，整理实验结果，包括岩爆过程描述、岩爆应力路径和岩爆过程声发射特征基本参数等。

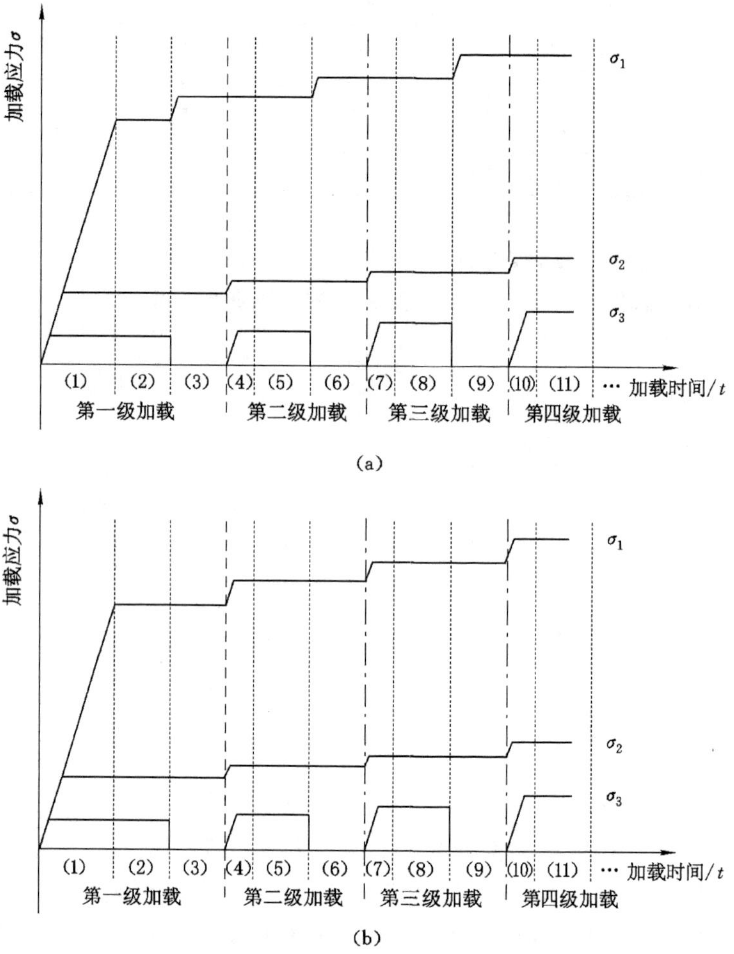

图 4-14　两种试验方法的应力路径示意图

(a) 岩爆试验方法Ⅰ应力路径示意图；(b) 岩爆试验方法Ⅱ应力路径示意图

4.4　实验结果分析

岩爆实验结果包括岩爆破坏过程描述、实验全过程的应力路径、岩爆应力路径、声发射基本参数曲线和岩爆破坏图片等。根据单轴抗压强度，初始三向应力设计值为 80 MPa、20 MPa、10 MPa。

4.4.1　岩爆过程特征描述

(1) 岩爆破坏特征

实验用岩石试件有很多孔洞。破坏时从暴露的试件表面破坏特征来看，主要表现为局部的片状崩落。1# 试件是在第 4 次卸载后加载垂直应力后 5 min 在试件上部破坏的；2# 试件在第 9 次卸载后 6 s 在试件左侧局部冲出破坏。

(2) 声发射特征

1# 试件在初始加载和最后 1 次卸载后声发射较多，尤其在卸载后至试件破坏的时间段内声发射较多，在岩爆时声发射事件数最多，其能率也是在岩爆时最大；2# 试件的声发射总体比 1# 试件少，其事件数和能率在岩爆时也没有明显增加。

(3) 试件声响特征

1# 试件只在岩爆时产生较大声响；2# 试件在第 8 次卸载后保持过程中有较小的开裂声，试件表面没有发现开裂的裂纹，第 9 次卸载后瞬间岩爆，岩爆声响不大。

(4) 应力变化特征

在三向六面应力状态下，单面突然卸载后，其他两向应力瞬时略有降低，当应力水平不足以使试件产生破坏时，一般在 30 s 左右会恢复至卸载前的应力值。试件破坏时，最大主应力瞬间降低，详见 4.3.2 节岩爆实验应力路径。

4.4.2 岩爆试验应力路径

岩爆实验过程应力应变结果见表 4-12。表中 1# 试件卸载后应力及应变值是在卸载水平 σ_{h2} 增加垂直应力完成后的结果，2# 试件卸载后的应力及应变值是指卸载完成后的数值。

表 4-12　　岩爆试验基本信息表

试件编号	卸载次数	卸载前					卸载后				
		应力/MPa			应变值/%		应力/MPa			应变值/%	
		σ_v	σ_{h1}	σ_{h2}	ε_v	ε_{h1}	σ_v	σ_{h1}	σ_{h2}	ε_v	ε_{h1}
1# 白云岩	第 1 次	81.0	19.4	7.6	0.261	−0.011	91.1	19.1	0	0.347	−0.010
	第 2 次	91.9	21.9	8.7	0.325	−0.008	101.2	21.8	0	0.373	−0.023
	第 3 次	101.8	24.7	10.0	0.339	−0.007	112.7	24.5	0	0.402	−0.012
	第 4 次	112.4	24.9	10.5	0.376	−0.010	118.7	23.8	0	0.506	−0.007
2# 白云岩	第 1 次	19.8	82.7	8.2	0.606	0.842	19.5	81.8	0	0.623	0.865
	第 2 次	21.8	89.5	9.2	0.387	0.855	21.3	89.2	0	0.367	0.871
	第 3 次	24.1	104.1	9.7	0.461	0.863	23.7	103.8	0	0.447	0.883
	第 4 次	26.5	113.9	10.4	0.473	0.879	25.9	113.4	0	0.494	0.897
	第 5 次	28.9	127.3	11.8	0.482	0.879	28.6	126.7	0	0.471	0.914
	第 6 次	31.9	135.6	12.1	0.476	0.888	31.4	135.1	0	0.514	0.917
	第 7 次	33.5	145.7	13.2	0.492	0.893	33.1	145.2	0	0.514	0.923
	第 8 次	34.5	158.6	13.8	0.506	0.911	34.0	160.4	0	0.488	0.945
	第 9 次	36.6	171.5	14.2	0.488	−0.004	36.2	170.4	0	0.528	−0.004

岩爆破坏时的应力变化速率和应变变化速率见表 4-13。

表 4-13　　岩爆破坏应力及应变速率

试件编号	项目	应力速率/(MPa/s)			应变速率/($\times10^{-5}s^{-1}$)	
		$\dot{\sigma}_v$	$\dot{\sigma}_{h1}$	$\dot{\sigma}_{h2}$	$\dot{\varepsilon}_v$	$\dot{\varepsilon}_{h1}$
1# 白云岩	第 4 次卸载	4.8	0.12	13	2.4	3.7
	岩爆	1 900 000	180 000	—	300	0.25
2# 白云岩	第 9 次卸载	1.2	3.2	42	120	0
	岩爆	5 700	32 000	—	−30 000	17

由图 4-15 和图 4-17 中应力—时间曲线可知：1# 试件在第 4 次卸载并增加垂直方向应力后保持到 5 min 左右时其突然发生破坏，此时应力载荷等级为 $\sigma_1=130$ MPa，$\sigma_2=28$ MPa，$\sigma_3=0$ MPa。第 4 次卸载 σ_3 前，试件内部应力 $\sigma_v(\sigma_1)=112.4$ MPa，$\sigma_{h1}(\sigma_2)=24.9$ MPa，$\sigma_{h2}(\sigma_3)=10.5$ MPa；随后瞬时卸载 σ_3、加载 σ_1，试件内部应力 $\sigma_{h2}(\sigma_3)$ 即刻降为 0，$\sigma_v(\sigma_1)$ 升至 118.7 MPa，而 $\sigma_{h1}(\sigma_2)$ 略有降低，其值为 23.8 MPa。2# 试件在第 9 次载荷卸载后各向应力保持仅 6 s 左右就突然发生破坏，此时荷载等级为 $\sigma_1=182$ MPa，$\sigma_2=37.5$ MPa 和 $\sigma_3=0$ MPa。第 9 次卸载 σ_3 前 $\sigma_v(\sigma_1)=171.5$ MPa，$\sigma_{h1}(\sigma_2)=36.6$ MPa，$\sigma_{h2}(\sigma_3)=14.2$ MPa；随着卸载 σ_3、保持 σ_1，试件内部 $\sigma_{h2}(\sigma_3)$ 即降为 0，$\sigma_v(\sigma_1)$ 和 $\sigma_{h1}(\sigma_2)$ 都略有降低，分别为 170.4 MPa 和 36.2 MPa，相对降低不大。从应力变化特征看，单向突然卸载时其他两向应力曲线突然向下波动，表明应力瞬时略有降低，若应力水平不足以试件破坏，则另两向应力一般在 30 s 后恢复至卸载前的应力值。从应力—应变曲线可知：两个试件均为瞬间破坏但屈服属性稍有不同，1# 试样的屈服特性较为显著，而 2# 试样几乎没有屈服就突然发生破坏，破坏后曲线波动也更为显著，表明其脆性更高。由图 4-17 中曲线可知：试件破坏瞬间，中间主应力略有降低但降幅不大，最大主应力则迅速降低且在接近零值时曲线波动显著，这是岩爆瞬间由岩石震动引发的曲线波动。

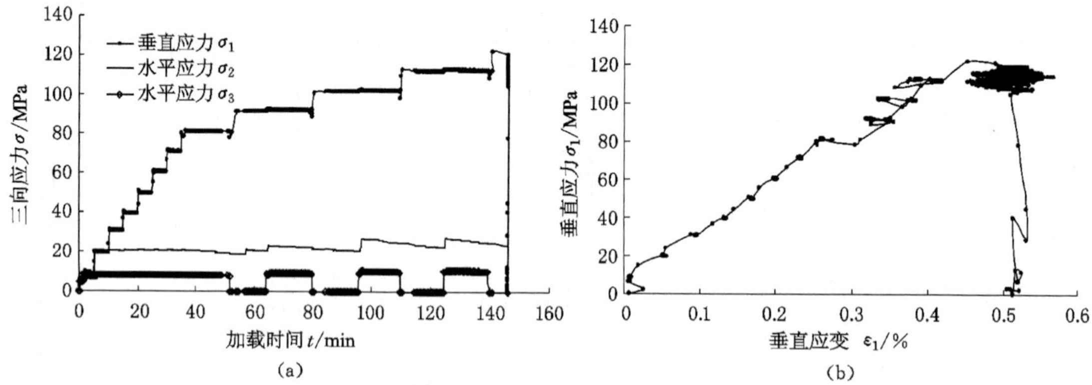

图 4-15　1# 试件的应力—时间与应力—应变曲线

(a) 1# 试件的三向应力—时间曲线；(b) 1# 试件的垂直应力—应变曲线

4.4.3　岩爆试验声发射特征分析

对岩爆过程中记录的声发射监测数据绘制了声发射撞击数—时间曲线和声发射能率—时间曲线。下图中剔除了声发射过程中振铃计数小于 100 的信号。

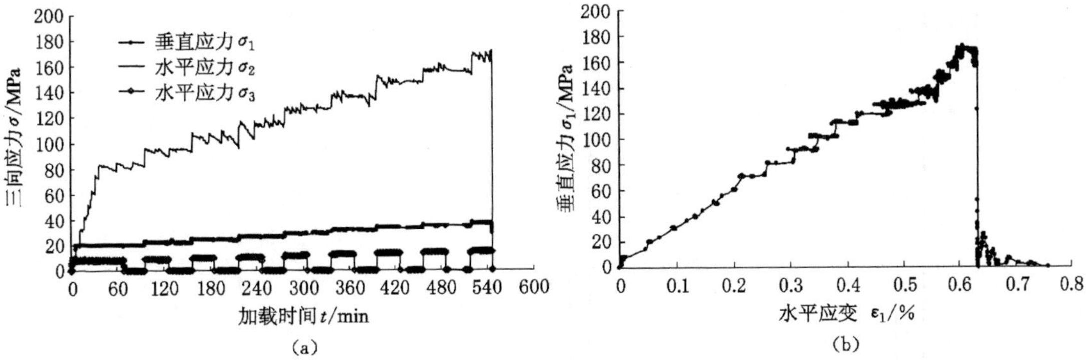

图 4-16　2# 试件的应力—时间与应力—应变曲线

(a) 2# 试件的三向应力—时间曲线；(b) 2# 试件的垂直应力—应变曲线

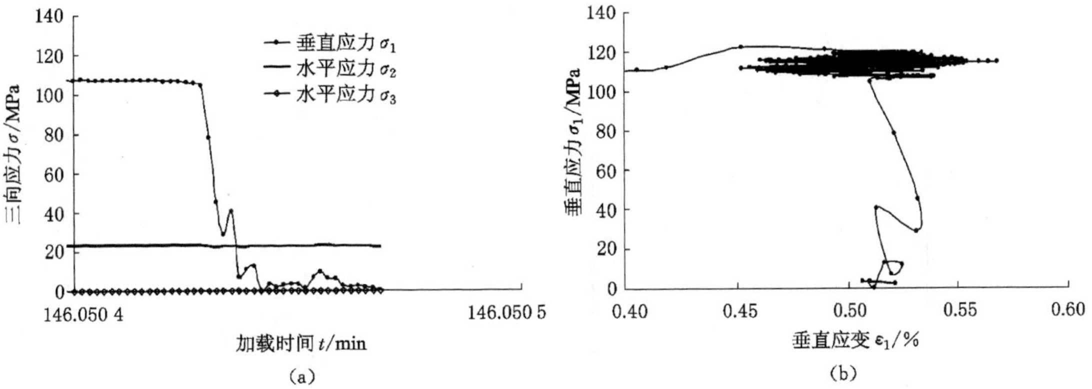

图 4-17　试件岩爆瞬间截取的应力—时间与应力—应变曲线

(a) 1# 试件破裂瞬间的三向应力—时间曲线；(b) 1# 试件的垂直应力—应变曲线

实验过程中受压岩石的声发射信号通常分为三个发射区段，分别对应岩石试件的压密区段、裂隙发育区段和破裂区段。从图 4-18 可以看出，1# 白云岩试件的声发射峰值并不是出现在岩石的破裂段，而是出现在第一次荷载卸载后的 8 min 左右，此时 1# 试件的最大主应力为 91.9 MPa，第二、第三次卸载后的声发射信号幅值明显小于前者。这说明，岩石的声发射峰值应该和其裂隙发育段相对应。试件在第 4 次卸载后声发射信号开始密集增加并在其破裂瞬间信号密集程度达到最大，但其破裂阶段内的声发射幅值并不是最高，1# 试件的最大主应力为 118.7 MPa。而声发射峰值处所对应的最大主应力仅为其破裂时最大主应力的 77.4%(91.9 MPa/118.7 MPa)。从图 4-18 和图 4-19 可以看出 1# 和 2# 试件的声发射曲线规律类似，而 2# 试件在最小应力第七次加载时出现声发射峰值，此时 2# 试件的最大主应力为 145.7 MPa，其声发射最密集区和岩石破裂段相对应，试件的最大主应力达到171.5 MPa。

声发射峰值处的最大主应力为岩石破裂时最大主应力的 84.9%（145.7 MPa/171.5 MPa）。此外，结合单轴试验结果发现，试件破坏时的最大主应力都接近单轴抗压强度。综合图 4-16 和图 4-17 发现，相同试件的撞击数曲线和能率曲线的规律性较为相似。

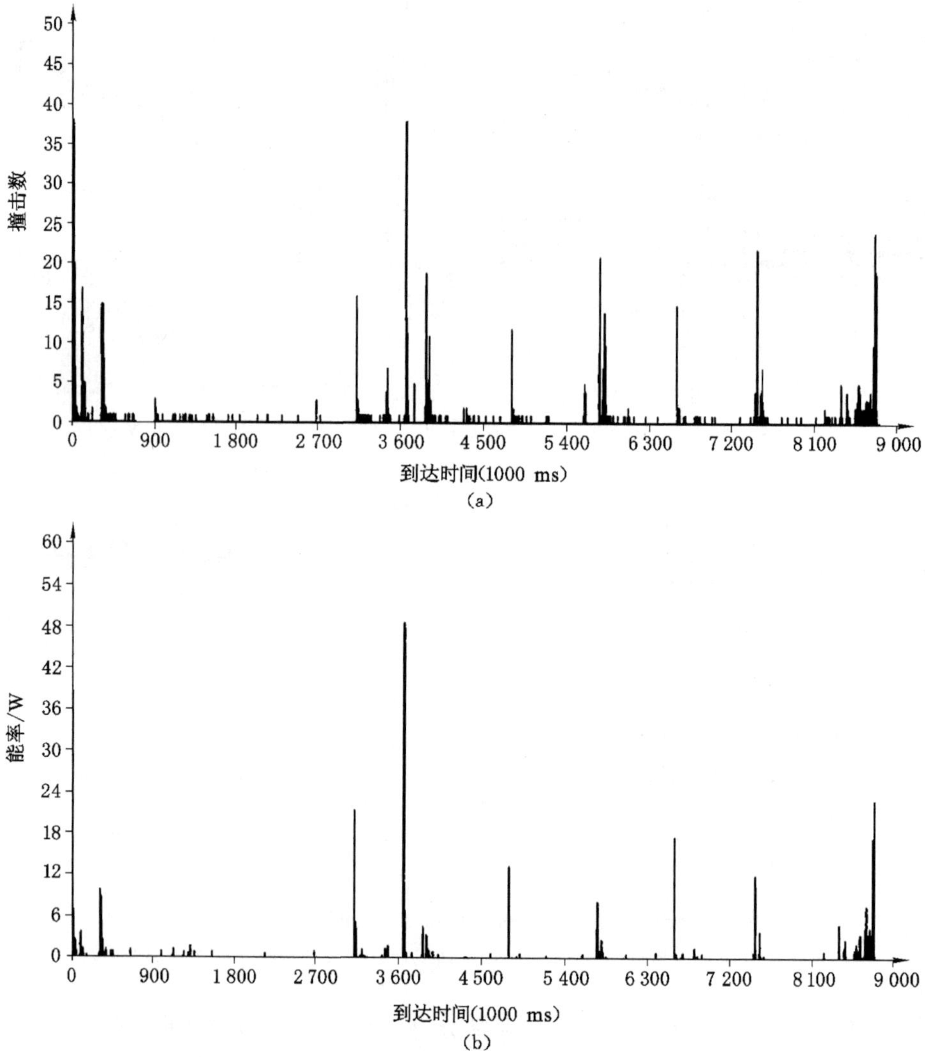

图 4-18　1# 试件的声发射试验曲线

(a) 1# 试件的声发射撞击数—时间曲线；(b) 1# 试件的声发射能率—时间曲线

在试件的最小主应力的加载及卸载阶段撞击数及能率较为集中，且试件加载段的声发射峰值明显要高于其卸载段。如图 4-19(a)所示，随着试验次数的增加，试件最小主应力降为 0 后声发射信号的密集程度有明显增加的趋势。2# 试件从第 4 次卸载开始，每次卸载后其声发射密集程度都明显高于上次卸载，其中第 8 次卸载后声信号开始密集发射最为显著。此外，从试件的声响特征来看，1# 试件只是在岩爆发生时产生了较大的声响；而 2# 试件在第 8 次卸载后的保持过程中就有较小的开裂声，但表面并没有发现裂纹或出现开裂现象，在进行第 9 次卸载后瞬间发生岩爆，岩爆声响也比较大。从岩石碎块溅射的情况来看，1# 试件破坏时碎片溅射距离小而且数量较少；2# 试件破坏时碎片溅射的距离比较远而且数量较大，两试件碎片的溅射区域均为卸载面向外延伸的扇形区，方向随机。图 4-20(a)和图 4-20(b)分别为 1# 和 2# 试件岩爆瞬间碎片溅射图。

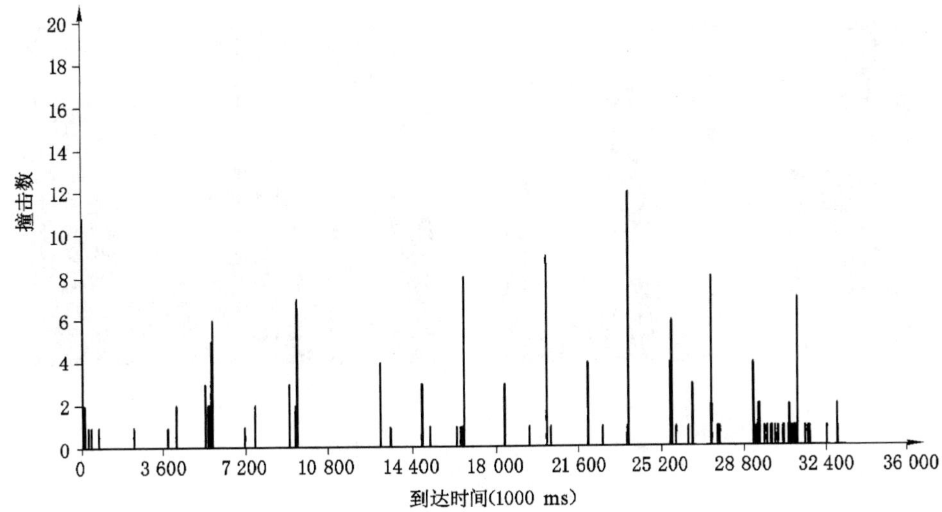

(a)

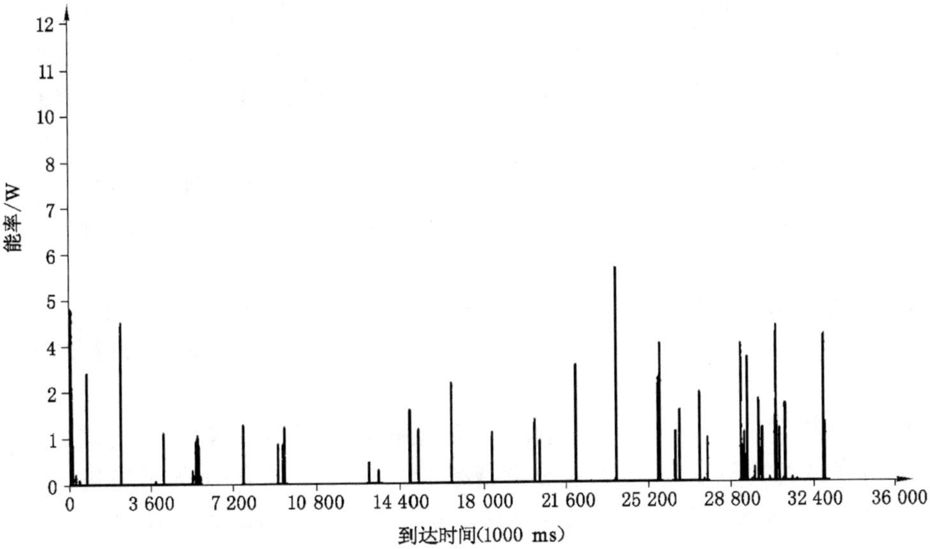

(b)

图 4-19　2# 试件的声发射试验曲线

(a) 2# 试件的声发射撞击数—时间曲线；(b) 2# 试件的声发射能率—时间曲线

4.4.4　岩爆试件试验结果分析

如前文实验思路中所述，根据隧道开挖后的应力分析，如果构造应力以水平应力为主，洞顶和底板会产生较大的压应力集中，易发生岩爆，如果构造应力垂直应力为主，洞室的边拱部位会产生较大的压应力集中，易产生岩爆。实验模拟这两种受力方式，结果表明：

① 当模拟构造应力以垂直应力为主时，1# 试件破坏强度要小于 2# 试件。但 1# 试件应力更为集中，其破坏主要发生在试件的上半部分，破坏的方向为竖直方向，主要为局部破坏，2# 试件破坏主要发生在试件的中部，且破坏程度严重，属于整体破坏，这表明 2# 试件的脆性要比 1# 试件的脆性高。

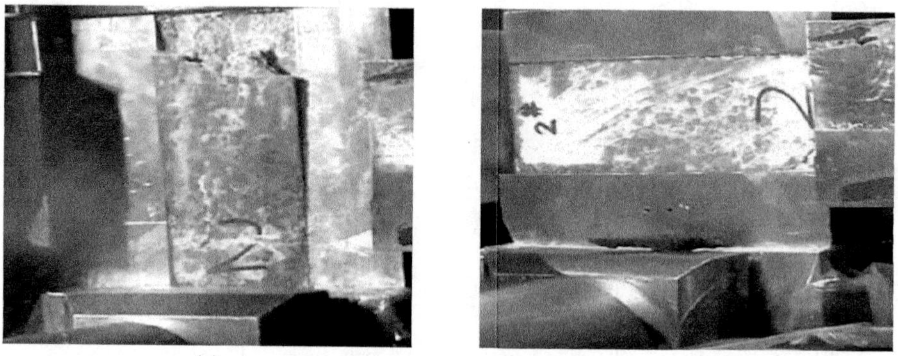

(a) (b)

图 4-20 试件岩爆瞬间碎片溅射图

(a) 1# 试件;(b) 2# 试件

② 试件在每次加卸载过程中声发射增加,1# 试件在初始加载和最后 1 次卸载后声发射较多,尤其在卸载后至试件破坏的时间段内声发射多,在岩爆时声发射事件数最多,其能率也是在岩爆时最大;2# 试件的声发射总体比 1# 试件少,其事件数和能率在岩爆时也没有明显增加。

③ 1# 和 2# 试件破坏时的最大主应力都比其单轴强度大,1# 试件破坏时,碎片多,溅射远,2# 试件破坏时,碎片较少,溅射小;两试件碎片溅射区域为卸载面向外延伸的扇行区,方向随机。

根据实验试样的 X 射线衍射监测结果,该岩石由白云石、石英、长石和黏土矿物组成。其中黏土矿物含量为 0.3%,根据黏土矿物含量判定岩爆可能性判据,该岩石发生岩爆的可能性很大。

何满潮教授利用前述深部岩爆过程模拟系统进行了不同地点深部花岗岩试样的加载岩爆试验,建立了依据比值 σ_1/σ_c 的岩爆分类指标(表 4-14),由表 4-14 及岩石岩石变形破坏全过程试验可知此次试验 1# 白云岩试件 $0.7<\sigma_1/\sigma_c<=0.8$,2# 白云岩试件 $\sigma_1/\sigma_c=8.9>0.9$,据此可判断工程区岩体具有发生岩爆的可能。

表 4-14　按 σ_1/σ_c 进行岩爆分类

σ_1/σ_c	0.7~0.8	0.8~0.9	>0.9
岩爆类别	软弱岩爆	中等岩爆	强烈岩爆

注:σ_1 为岩爆发生时三个方向中最大主应力与最小主应力的差值;σ_c 为单轴抗压强度。

1# 试件在增加垂直方向应力而卸载水平最小主应力后发生岩爆。2# 试件通过卸载后保持主应力不变来模拟高地应力条件下隧道开挖瞬间产生岩爆破坏现象。2# 试件在荷载卸载瞬间发生岩爆。此时应力集中系数如果按 2.75 来考虑,上覆地层平均容重取值为 28.0 kN/m³。就可得到 1# 和 2# 试件破坏时所对应的临界深度 H_{cs},见表 4-15。

$$H_{cs}=\frac{\sigma}{2.75\gamma} \tag{4-3}$$

式中 σ——破坏应力值；

γ——岩石容重；

2.75——应力集中系数。

表 4-15　　试件破坏对应的临界深度 H_{cs}

试件编号	最大主应力值 σ_1/MPa	H_{cs}/m	应力集中系数
1#	112.4(118.7)	1 444	2.75
2#	171.5	2 203	2.75

注：表中括号内的数值是卸载后加载完成之后的应力值。

结合室内岩爆模拟实验与现场工程岩体结构效应，对室内实验所得到的岩爆临界深度进行折减，取折减系数为 0.7，就可以得到施工现场工程岩体岩爆所对应的临界深度 H_{cm}，见表 4-16。

表 4-16　　工程岩体岩爆临界深度 H_{cm}

试件编号	H_{cs}/m	折减系数	H_{cm}/m
1#	1 444	0.7	1 010.8
2#	2 203	0.7	1 542.1

岩爆破坏受多种因素影响，包括工程扰动作用。当根据室内岩石试件的岩爆实验结果对现场的岩爆进行预测时，还必须考虑岩石与岩体的尺寸效应，考虑因尺寸效应产生的岩块强度与岩体强度的差异(一般在 3～5 倍范围内，经验值)，考虑不利因素(利用 1# 试件的结果进行计算)，则在一般条件下，现场因工程开挖应力集中系数为 2.75 时，产生岩爆的临界深度为 202 m(1 010÷5)，应力集中系数为 3.0 时产生岩爆的临界深度为 135 m(1 010×2÷3÷5)。

当考虑应力集中系数为 2.75，岩体容重为 28.0 kN/m³，岩体结构折减系数 0.7，尺寸效应为 5，则开挖后可能在深度 202 m 发生岩爆。如果应力集中系数为 3，则岩爆深度为 135 m，当应力局部集中大于 3 时，在更浅的深度岩体会发生岩爆破坏。

4.5　本章小结

结合黑石岭隧道工程区内实际应力分布情况及主要存在的两种构造应力，通过利用中国矿业大学(北京)研发的深部岩爆过程模拟试验系统，进行岩爆破坏模式及发生机制分析，获得了坚硬白云岩受力并发生岩爆破坏全过程的应力应变、声发射及破坏特征等属性，经深入分析得到如下结论：

① 在隧道工程区当模拟构造应力以垂直应力为主时，1# 试件破坏强度要小于 2# 试件，这表明 2# 试件的脆性要比 1# 试件的脆性高。

② 试件的声发射撞击数和能量累积均集中在荷载的加卸载阶段，且试件加载段的声发射信号峰值明显高于卸载段。试件的裂隙发育段出现声发射峰值，而破裂段声发射信号密集度最高但其信号峰值并不是最大。声发射峰值所对应的最大主应力约为岩石破裂时最大

主应力的 78%，这表明岩石受力达到其最高强度的 78%时试样内部裂隙开始快速发育和扩展。

③ 试件的单轴抗压强度均小于其破坏时的最大主应力。在工程区岩石脆性越高，其屈服特性就越不显著，岩爆发生的瞬间声响也就越大，试件破裂时碎片溅射量也越多且溅射得更远。根据围岩岩性判据和文献判据工程区岩体具有发生岩爆的可能。结合工程现场岩体结构及尺寸效应和室内岩爆模拟实验，求得岩爆的临界深度为 202 m。

5　研究区域岩样声发射能量及时频特征分析

本节根据第 4 章对隧道施工区域岩样进行单轴压缩实验、巴西劈裂实验及岩爆室内模拟试验采集到的声发射数据，对声发射能量特征及频谱特征进行分析，并利用傅立叶变换来获取声发射波形在时域上频率和幅值的变化情况，通过选取高幅值频率区间来观察试验不同阶段的幅值变化，并利用 Gutenberg-Richter 对幅值进行 B 值拟合，展示声发射的能量特征，对声发射信号预报岩爆的可能性进行探讨和研究。

5.1　声发射技术简介

声发射是指固体物质内部的能量突然得以释放所产生的弹性波现象，如岩石材料内部的微裂纹扩展及裂纹间的错位等都可以引起声发射现象[108]。一般采用无损被动检测方法来检测岩石内部的声发射信号，从而达到实时检测岩石内部的损伤状况。如图 5-1 所示，是一个标准的声发射波形。

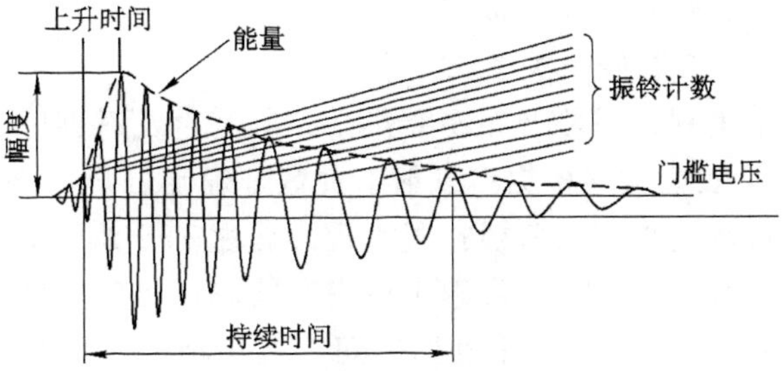

图 5-1　声发射波形及参数示意图

在对声发射信号进行采集时，为了去除噪声的影响，对信号设置阈值过滤波形，仅当波形的幅值大于阈值时才会被记录。波形幅值超过阈值的时间长度称为信号长度，超过的次数称为撞击数；对每一个声发射通道，通过引入声发射信号撞击定义时间（HDT）（图 5-2）来将一连串的波形包络画入一个撞击或划分为不同的撞击信号。如图 5-1 所示，一般的声发射信号分为上升阶段和下降阶段，两个阶段分界处的幅值称为最大幅值[109]。

5.1.1　声发射技术在岩石力学中的应用

从 20 世纪 70 年代以来，世界上许多国家都广泛开展了利用声发射技术监测和预报的相关研究，早期的研究主要集中在采矿行业中，主要用来监测和预报各种金属矿煤矿以及隧道工程的稳定问题，后来随着电子技术以及声发射监测设备的不断更新和完善，对声发射的

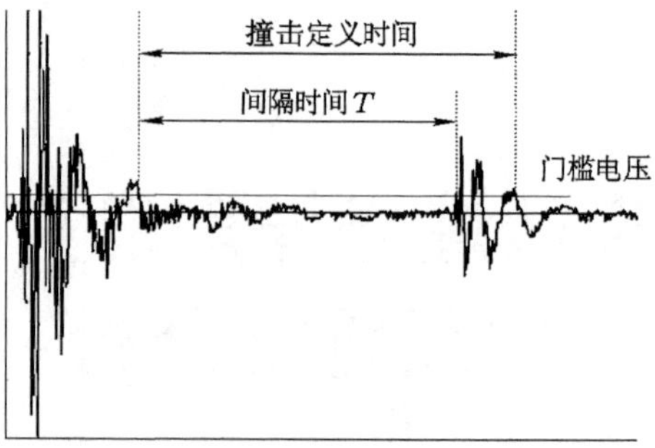

图 5-2　声发射撞击信号定义

研究也逐渐扩大到边坡稳定、岩爆等相关领域[110]。尤其是岩石脆性破坏过程和机理研究，同时随着计算机技术的普及和快速发展，以及高精度、多通道声发射仪器的出现，声源定位技术的应用和发展得到了突破，同时，利用 Kaiser Effect 测定地应力的技术也从原来的采矿领域扩大到石油、地质、水利和土建等部门。国内也开始了以耳机或录音机为工具记录岩石内部声发射频度的研究和现场应用。

最近十年，随着电子元器件的高集成化、计算机的微型化和超微型化，国外研发出了高性能的声发射数据处理系统，国内也研发出了应用到岩体工程中的能数显的声发射能率、大事件、总事件等特征参量的便携式岩体声发射仪器。

岩石的破坏过程是内部微裂纹形成和发展的过程，也展示了岩石损伤从细观到宏观的发展过程。在这个过程中岩石由于错位累积、晶格错动等形成的裂纹通过发展和向外扩张传播从而引起岩石内部结构的变化所释放的能量也就是导致声发射发生的主要因素。声发射在实验室中的应用主要包括三个方面[111]：

(1) 声发射事件数与岩石应变关系

声发射应用到岩土工程领域刚开始主要集中在研究声发射事件数与岩石应变之间的关系。例如著名的 Kaiser 效应就是根据声发射事件数来确定岩石内部的应力历史[112]。中国矿业大学的张艳博通过双向加载实验模拟了大理岩含水和干燥两种情况下的岩爆，发现大理岩试件在含水状态下破坏过程中声发射事件率和能率均出现双峰性。试件从加载到主破坏前声射率和能率均有 5～30 s 相对平静的时间[113]。因此，利用大理岩含水后声发射的双峰性和相对平静期来预测岩爆的发生是可行的。长沙矿山研究院的尹贤刚对声发射强度进行了分形研究，通过建立岩石破坏声发射强度分维模型，研究了岩石破坏全过程中声发射分形特征以及分形变化规律。

研究表明，岩石试件在加载初期声发射强度分维值大小发生变化且有反复，但从总的变化规律来看，分形维值还是处于较大水平，加载中后期声发射强度逐渐由大变小，其分形维值呈现较强的规律性，试件破坏前分形维值最小。在实际应用中，其最小分形维数很难确定，因此提出将试件破坏前的声发射强度分形维数的持续降低作为其破坏的前兆特征，为利用声发射参数来判断岩体的稳定性及岩爆的预测提供理论依据。陈宇龙、魏作安等选用均质各向同性的砂岩，通过研究循环载荷作用下不同上下限应力、不同位移速率及不同水饱和度对砂岩声发射特性实验的影响，发现试件在承载过程中所发生的声发射事件数又各不相同，但位移速率对岩石试件的声发射事件数的影响最小。

（2）与声发射定位相关的裂纹源及裂纹扩展方向研究

赵兴东[114]等通过对单轴压缩破坏过程中花岗岩试件声发射特征的研究，发现在岩石的破裂过程中，随着加载时间、应力变化声发射活动表现出不同的特征。在加载初始阶段至裂纹形成之前，试件的声发射活动不是特别明显，一旦试样开始出现裂纹，则声发射事件在其加载时间点和相应的应力点明显增多，在刚出现裂纹到这些裂纹扩展之前，声发射活动处于一段相应的平静期，在裂纹开始扩展直至试件破坏，这一阶段声发射活动变得异常活跃，特别是在试件即将破坏前的一段时间，声发射事件随加载时间和应力变化率影响特别的大。

目前声发射定位技术的应用较为广泛，声发射源的定位，需由多通道声发射仪器来实现，也是多通道声发射仪最重要的功能之一。对于突发型声发射信号和连续型声发射信号需采用不同的声发射源定位方法，其中对于突发信号的定位一般采用时差定位，时差定位是经对各个声发射通道信号到达时间差、波速、探头间距等参数的测量及复杂的算法运算，来确定波源的坐标或位置[115]。

时差定位是一种精确而又复杂的定位方式，广泛用于试样和构件的检测，其工作原理如图 5-3 所示。

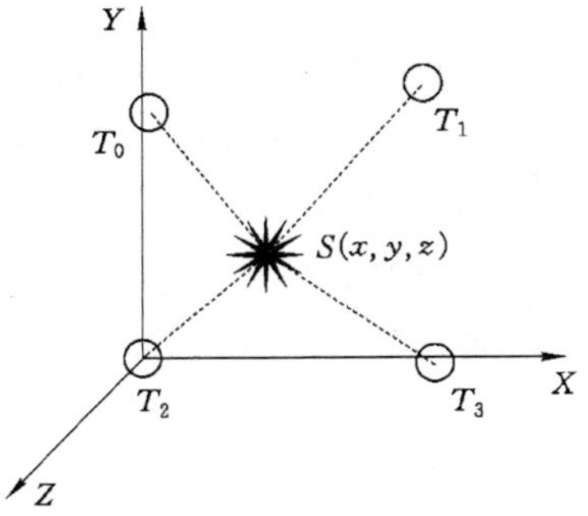

图 5-3 声发射定位原理图

其中 $T_0 \sim T_3$ 为四只接收传感器，位于同一平面之内（z 轴坐标均为 0），S 为声源位置。设 T_2 位坐标原点（0,0,0），T_0 为（X_0,Y_0,Z_0），T_1 为（X_1,Y_1,Z_1），T_3 为（X_3,Y_3,Z_3），S 为（X,Y,Z），则可列出距离差：

$$\begin{cases} |ST_0|-|ST_2|=d_{02} \\ |ST_1|-|ST_2|=d_{12} \\ |ST_3|-|ST_2|=d_{32} \end{cases} \tag{5-1}$$

分别代入 S、T_0、T_1、T_2 和 T_3 的坐标可得：

$$\begin{cases} \sqrt{(x-x_0)^2+(y-y_0)^2+(z-z_0)^2}-\sqrt{x^2+y^2+z^2}=d_{02} \\ \sqrt{(x-x_1)^2+(y-y_1)^2+(z-z_1)^2}-\sqrt{x^2+y^2+z^2}=d_{12} \\ \sqrt{(x-x_3)^2+(y-y_3)^2+(z-z_3)^2}-\sqrt{x^2+y^2+z^2}=d_{32} \end{cases} \tag{5-2}$$

简化后可得：

$$\begin{cases} 2(x_0x+y_0y+z_0z)+2d_{02}\sqrt{x^2+y^2+z^2}=x_0{}^2+y_0{}^2+z_0{}^2-d_{02}{}^2 \\ 2(x_1x+y_1y+z_1z)+2d_{12}\sqrt{x^2+y^2+z^2}=x_0{}^2+y_0{}^2+z_0{}^2-d_{12}{}^2 \\ 2(x_3x+y_3y+z_3z)+2d_{32}\sqrt{x^2+y^2+z^2}=x_0{}^2+y_0{}^2+z_0{}^2-d_{32}{}^2 \end{cases} \tag{5-3}$$

令

$$\begin{cases}x_0^{\ 2}+y_0^{\ 2}+z_0^{\ 2}-d_{02}^{\ 2}=2d_0\\x_1^{\ 2}+y_1^{\ 2}+z_1^{\ 2}-d_{12}^{\ 2}=2d_1\\x_3^{\ 2}+y_3^{\ 2}+z_3^{\ 2}-d_{02}^{\ 2}=2d_3\end{cases}\tag{5-4}$$

将式(5-4)代入式(5-3)中然后两两相比可得到一组独立方程组：

$$\begin{cases}(x_0x+y_0y+z_0z-d_0)/(x_1x+y_1y+z_1z-d_1)=c_{01}\\(x_0x+y_0y+z_0z-d_0)/(x_3x+y_3y+z_3z-d_3)=c_{01}\\(x_0-c_{01}x_1)x+(y_0-c_{01}y_1)y+(z_0-c_{01}z_1)z-d_0+c_{01}d_1=0\\(x_0-c_{03}x_3)x+(y_0-c_{03}y_3)y+(z_0-c_{03}z_3)z-d_0+c_{03}d_3=0\end{cases}\tag{5-5}$$

代入初始条件 $z_0=z_1=z_2=z_3=0$，得到：

$$\begin{cases}x=(d_0-c_{01}d_1)(y_0-c_{03}y_3)-\dfrac{(d_0-c_{03}d_3)(y_0-c_{01}y_1)}{(x_0-c_{01}x_1)(y_0-c_{03}y_3)}-(x_0-c_{03}x_3)(y_0-c_{01}y_1)\\y=(d_0-c_{03}d_3)(y_0-c_{01}y_1)-\dfrac{(d_0-c_{01}d_1)(y_0-c_{03}y_3)}{(x_0-c_{03}x_3)(y_0-c_{01}y_1)}-(x_0-c_{01}x_1)(y_0-c_{03}y_3)\\z=\sqrt{\{[d_0-(x_0+y_0)x]/d_{02}\}^2-(x^2+y^2)}\end{cases}$$

由以上表达式共可得到两个解，两个解在 z 方向坐标为相反数。可以根据实际情况取得其中一个正确解。该种算法传感器布置需要 4 个，而且在解方程的过程中会出现错误解，所以通过该种传感器布置方法一般来说要布置 7～8 个传感器。当然可以根据三维物体的实际尺寸来选择传感器的数目，可以增加更多的传感器，以达到缩小定位传感器之间距离的目的来提高精度。另外，还可以灵活设置可以自由移动的探头，通过移动的探头来获得不同的初始值，最后逐步达到精确的定位。

(3) 声发射不同阶段的波形特征研究

在进行岩石的声发射试验时，声发射的波形将以波形文件的形式存储，通过对这些不同受力阶段的波形文件中的波形进行频谱分析，来研究岩石在不同受力阶段声发射波形的频率或幅值的变化特征。袁振明[116]等经过理论计算与研究表时岩石材料的裂纹扩展所需能量要比裂纹形成所需能量大 100～1 000 倍，这也就表明试件裂纹扩展时的声发射强度比裂纹刚形成时的声发射强度大得多。当裂纹扩展一直发展到快要接近临界裂纹长度时就会开始失稳扩展，最后发展成快速断裂。此时的声发射强度大很多，甚至不用仪器就可听到。Shiotani[117]等通过研究混凝土的声发射特性，认为可以通过分析混凝土的声发射频率特征来区分内部的裂纹扩展情况。Martyn[118]等通过利用傅立叶谱分析法分别分析了含水饱和砂岩和干燥砂岩的声发射特征，发现其破坏前后的声发射波形有较大的变化，即峰值之前主要以低幅高频波，频率在 600 kHz 为主，峰值之后多为 200 kHz 的低频信号。中南大学的袁子清和唐礼忠等在单轴压缩条件下，通过对闪长岩破坏过程的声发射试验研究，利用傅立叶谱分析法发现岩石试件在即将达到峰值强度的一半时，此时声发射信号的主频较稳定。当应力不同时，主频分布的范围也不相同，应力较低时，时频谱表现为低频，此时曲线表现较为平缓，随着应力逐渐增高，时频也渐渐向高频发展，声发射能量也渐向主频集中，当达到 80 kHz 时，频谱曲线突然变陡，出现次主频现象，此时的突增点与应力的突增点基本保持一致，峰值强度过后，能量集中度也逐渐降低。通过分析声发射频谱特征，可以归纳和总结出岩石发生岩爆的前兆特征，从而达到对岩爆进行预测和预报的目的。Philip[119]通过对玄武岩进行三轴压缩实验下的声发射特征的研究，发现玄武岩的声发射信号由于流体流动会产生低频声发射波，而压缩变形和开裂产生的声发射波为高频波。蔡美峰等通过实验总结出室内监测的岩样的声发射信号频率主要集中在 200 kHz 到 2 000 kHz 之间。何满朝[120]等通过对石灰岩岩爆模拟实验中的声发射信号进行研究，发现信号的两个主频区幅值在岩石试件破坏时有向高幅低频过渡的趋势。声发射信号的能量与波形的面积成正比，所以，声发射波形能量的变化在一定程度上能反映在幅值的变化上。这也是分析岩样声发射波形文件的重要原因之一。

5.1.2　声发射波形分析方法

随着声发射技术在各个领域里的深入应用，对声发射信号的分辨能力、滤波能力及信号的分类和波形模式识别能力也得到了极大的提高。声发射信号波形分析有很多种方法，由于声发射信号在不同的时刻有着不同的频率，属于非平稳信号，所以时频分析法得到了广泛的关注，其基本原理是构造时间和频率之间的联合函数，即将一维时域信号映射到二维时频面上。通过分析就可得到信号的时频分布，利用这种分析方法不仅可以直观表示信号能量在时频域的局部变化，也可用于描述信号在不同时间和频率的能量强度的分布。根据得到的各个时刻的瞬时频率和幅值，就可以对声发射波形进行时频滤波和时变信号分析研究。针对声发射信号的离散性特点，采用快速傅立叶变换对其进行时频分析，快速傅立叶把信号分割成很多小的时间间隔，对每个小的时间间隔进行傅立叶变换，以确定每个时间间隔存在的频率，可以用 MATLAB 中的小波处理工具箱中的 FFT 函数实现，FFT 是离散傅立叶变换的快速算法，可以将一个信号变换到频域。有些信号在时域上是很难看出什么特征的，但是如果变换到频域之后，就很容易看出特征了，其计算过程如下：

$$X(k) = \sum_{j=1}^{N} x(j)\omega_{\mathrm{N}}^{(j-1)(k-1)} \tag{5-6}$$

式中，$\omega_{\mathrm{N}} = \mathrm{e}^{(-2\pi\mathrm{i})N}$。

短时傅立叶变换模的平方为：

$$S_z(t,f) = |\ \mathrm{STFT}_z(t,f)\ |^2 = \left| \int_{-\infty}^{+\infty} z(t')\eta(t'-t)\mathrm{e}^{-f2\pi\mathrm{f}t'}\mathrm{d}t' \right|^2 \tag{5-7}$$

式(5-7)计算得出的时频分布式实数的二次型分布，其时移和频移具有不变性，计算过程可以用 MATLAB 小波工具箱中的 TFRSP 函数来实现。

5.1.3　声发射 *b* 值研究

1944 年 B. Gutenberg 与 C. F. Richter 在研究世界范围内地震活动时，通过研究地震活动性，提出了地震震级与频率的统计关系，而且通过研究发现此关系式对所有震级范围内的地震都是适用的。在一定时间范围内，地震监测区域内的事件频率与震级遵守 $\lg n(M) = a - bM$，式中，M代表地震震级；$n(M)$代表以震级 M 为中心的小区间($M \perp \Delta M$)在一定时期内发生地震的次数；a 和 b 是常数，其中 a 表征在统计时间内、区域内的地震活动水平，b 表征微震事件相对震级分布的函数。

b 值不仅是一个统计学上的分析参数，也存在着直接的物理意义，大震级事件可对多时，b 值则小。b 值大小和该地区的介质强度以及应力大小有关，当分析单个或者特定组的微震事件的时候，b 值是变化的，这主要取决于震源机理，b 值在声发射事件中应用较多，声发射 b 值的演化特征与微裂纹演化有关，声发射 b 值的波动直接反映了微破裂状态的发育过程，不同大小的声发射事件比例变化不大，不同尺度的裂纹状态比较恒定，代表一种渐近式稳定扩展的过程，随着载荷的增加，声发射 b 值开始增大，说明小尺度微裂纹所占比例开始增加。Lei 等研究表明，岩石破坏失稳前 b 值下降的物理机制一是微破裂从张破裂为主转为剪破裂为主；二是裂纹相互作用明显增强，这两种因素联合作用使大事件明显增多，b 值下降。

根据 b 值在岩石破坏前较快速下降的现象，可以应用于矿山岩体稳定性监测及地压引起的动力灾害的预测研究，但灾害发生时声发射 b 值究竟是多少，目前仍是一个难以解决的问题，因此对声发射 b 值的研究对了解岩石的破裂有着重要的意义。

在对测点 2 的 1# 岩块和 2# 岩块实验所获得的声发射波形文件进行分析时，假定波形数据长度为 N=1 024 000，采样频率为 256，波形的数据序列为 $x(j)$=(0:0.001:0.001×8191)。选择 1# 单轴压缩实验声发射初始阶段的波形文件来说明波形文件的处理过程。首先对波形文件进行滤波可得到如图 5-4(a)所示波形，然后再对此波形文件进行快速傅立叶和短时傅立叶变换，可得到如图 5-4(b)和图 5-4(c)所示的二维和三维频谱图。通过引入 Cutenberg-Richter 的 b 值关系式能更好地表述声发射信号的幅值在不同加载时期的变化，即：

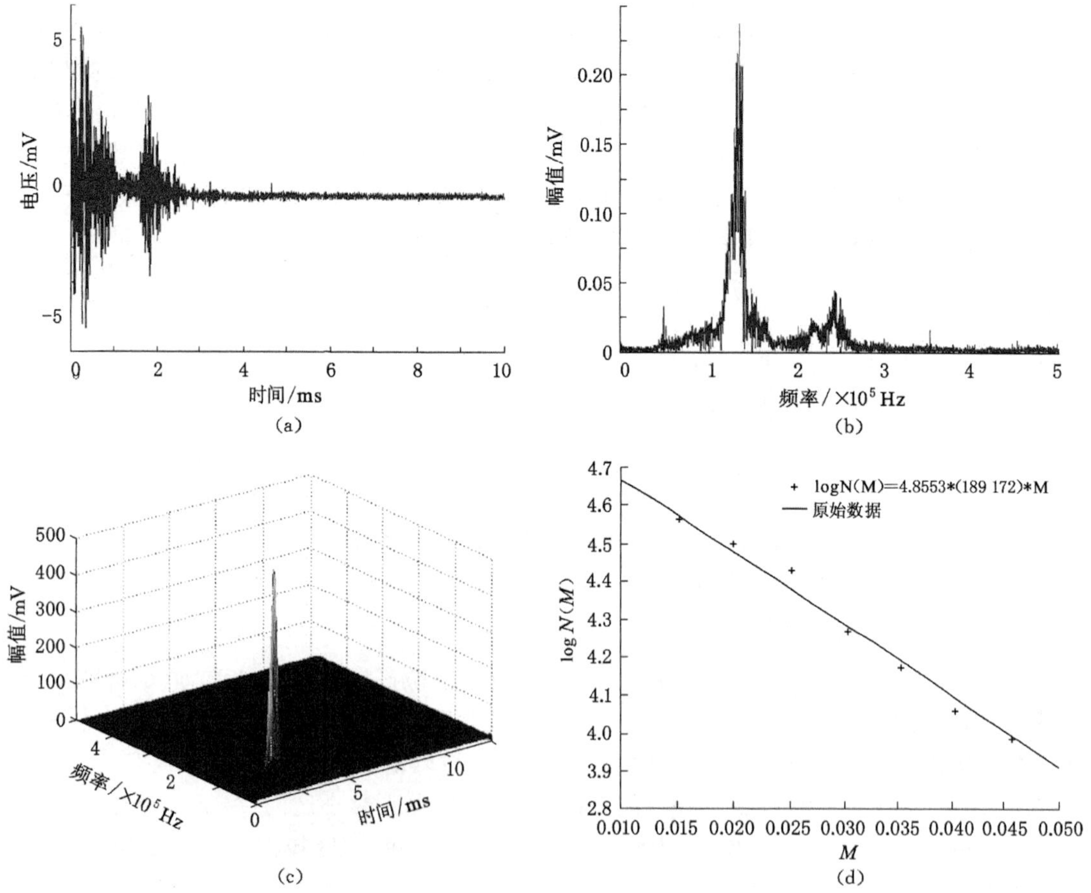

图 5-4　声发射波形文件处理过程图示

(a) 滤波后波形图；(b) 二维频谱图；(c) 3D 频谱图；(d) b 值拟合图

$$\log N(M)=a-bM \tag{5-8}$$

式中 M——波形幅值；

N——幅值大于 M 的应力波个数；

a、b——常数，一般情况下一次声发射中 b 值仅有一个。

通过观察频率和幅值图可以看出，在三个频率区域值有比较明显的极值，分别为 55 kHz(45～60 kHz)、180 kHz(175～210 kHz)和 300 kHz(280～330 kHz)。图 5-4(d)显示的是波形文件在 180 kHz 频率段的 b 值拟合图。

在后续其他的声发射波形文件处理中都是按上述的步骤，即先对波形文件进行过滤，然后计算其频谱特征，根据结果计算波形在三个频率区间的幅值变化，最后探求波形的 b 值关系式。

5.2 单轴压缩实验中的声发射能量分析

5.2.1 单轴压缩实验中的能量累计特征

一般来讲，声发射能量的变化和试件体应变的变化是相对应的，声发射能量的增加直接会导致试件体应变的变化，如图 5-5 和图 5-6 所示白云岩单轴压缩实验中体应变和声发射累积能量之间的关系曲线，从图中可以看出 1# 白云岩在体应变发生较大变化之前就有了明显的声发射能量累积，在最大体应变出现之前，声发射能量占总量的 60%左右，而 2# 白云岩试样在第一次最大应力出现之前的声发射能量积累较少，大概只有总量的 24%。

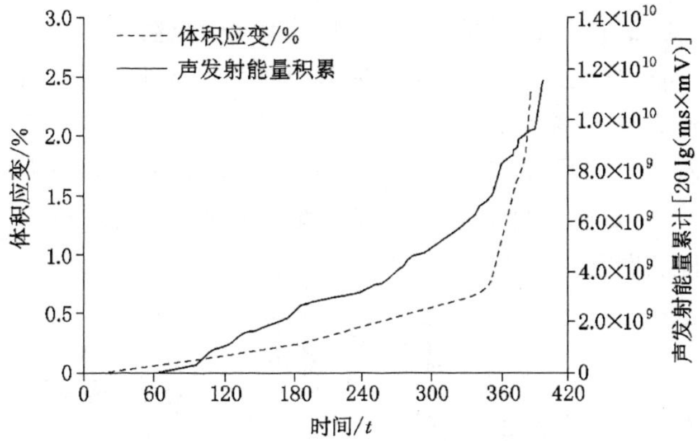

图 5-5 1# 白云岩单轴压缩体应变与声发射能量关系曲线

出现这种情况的主要原因有两个：一是由于实验中 2# 岩样的裂纹开裂情况要比 1# 岩样要少很多；二是 2# 岩样的结构及开裂模式对信号有很明显的衰减作用，导致探测仪器很多信号探测不到。

5.2.2 实验中的声发射时频特征

声发射时频特征能够反映岩石内部应力状态变化的现象，对岩石声发射时频特性的研究对岩石破坏过程的探讨以及现场岩体破坏的预报等方面都有着重要的意义，通过对岩石进行单轴压缩下声发射频谱特征进行研究得出岩石破坏的声发射主频与岩石的强度有关，强度越高，主频也越高，单轴压缩变形破坏过程中的声发射特征在加载初期即压密阶段有不同程序的声发射活动，小事件开始出现，声发射的计数和能量也较少，可以理解为岩样在较低应力作用下，内部某处原始裂纹开始闭合，随着应力的缓慢增加声发射活动仍然较少，但岩样内部某些闭合的裂纹之间会发生滑移，随着岩样内部微裂纹逐渐增多，声发射事件也开始趋于活跃，临近峰会应力时发射累计数和能量明显偏大，可作为判定岩样破坏的前兆。

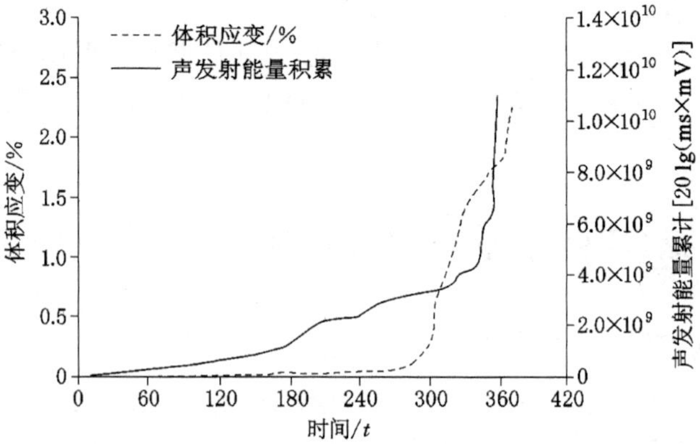

图 5-6　2# 白云岩单轴压缩体应变与声发射能量关系曲线

1# 和 2# 两个试件在加载过程的不同阶段的声发射波形幅值变化如图 5-7 和图 5-9 所示，波形在频率段为 55 Hz(45～60 Hz)、180 Hz(175～210 Hz)和 300 Hz(280～330 Hz)均有幅值波动，总体来说，试件越接近破坏，其幅值增幅也就越大。

对比图 5-7 和图 5-9 中的 1# 和 2# 岩样在不同频率区段幅值的变化可以看出，1# 白云岩在各个频率区段均有明显的幅值变化，在应力—应变曲线的拐点处有较为明显的幅值增加，在应力—应变曲线的拐点前后，相对应的 b 值有较为明显的下降(图 5-8)。2# 白云岩仅在 180 Hz 频率段应力—应变拐点处有较为明显的幅值增加和 b 值下降。在 55 Hz 和 300 Hz 频率段的变化不是特别明显。

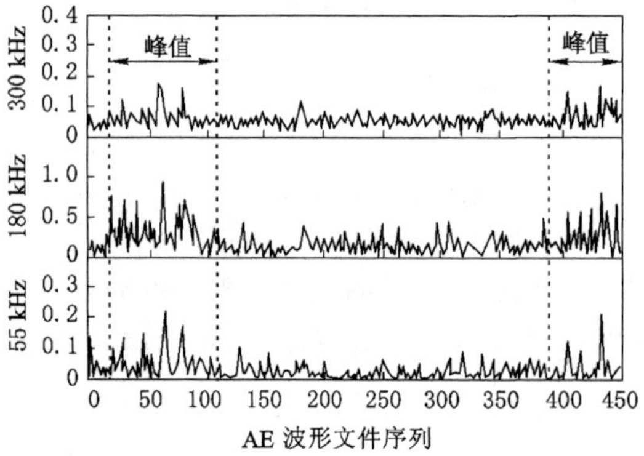

图 5-7　1# 单轴压缩过程中不同频率区段幅值变化

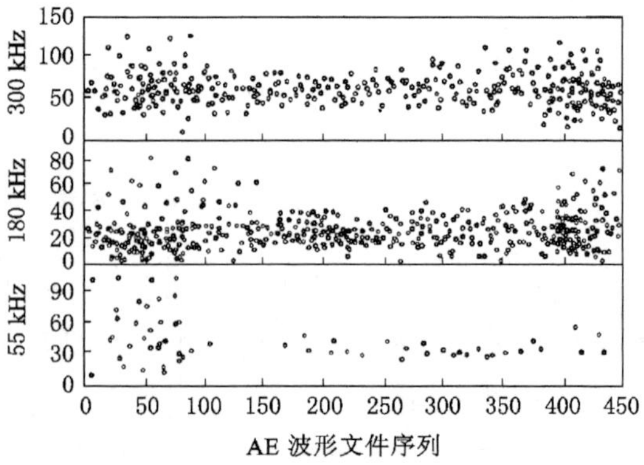

图 5-8　1# 单轴压缩过程中不同频率区 b 值变化

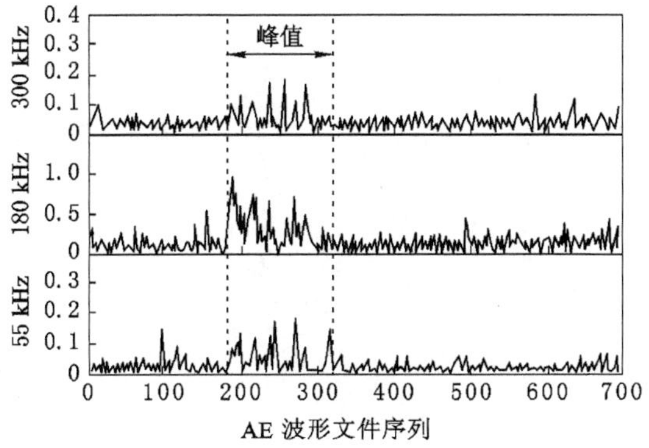

图 5-9 2# 单轴压缩过程中不同频率区段幅值变化

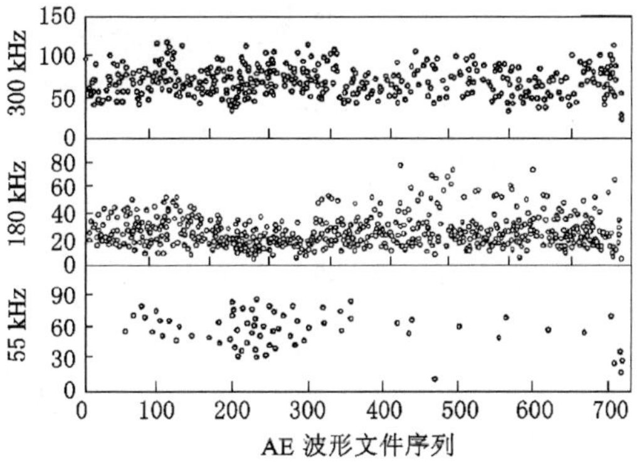

图 5-10 2# 单轴压缩过程中不同频率区段 b 值变化

5.3 巴西劈裂实验中的声发射能量分析

5.3.1 巴西劈裂实验中的能量累计特征

图 5-11 和图 5-12 表示的是 1# 和 2# 白云岩试样在巴西劈裂实验中应力变化和声发射能量之间的关系图。

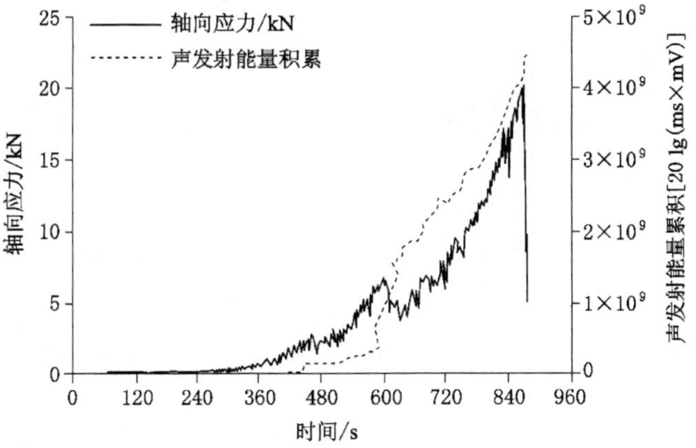

图 5-11 1# 白云岩巴西劈裂实验力与声发射能量关系曲线

从图中可以看出，在加载开始阶段声发射的能量开始累积，在接近破坏时突然增大。与单轴压缩实验中的声发射能量累积相比，巴西劈裂实验中声发射所产生的能量要小很多，而且在离峰值较远处的声发射幅值也要比单轴小一些，1# 白云岩在第一次峰值出现之前所产生的声发射能量占全部能量的 21%，第二次峰值出现之前所产生的声发射能量点仝部能量的 90%。2# 白云岩巴西劈裂实验中只出现了一次极值，峰值出现之前所产生的声发射能量占全部能量的 70%左右。

5.3.2 巴西劈裂实验中的声发射时频特征

每一个声发射信号都包含着岩石内部状态变化的丰富信息，通过对接收到的信号进行处理、分析，可以判断岩石内部裂纹生成、扩展过程，从中捕捉岩石破裂失稳的前兆信息。

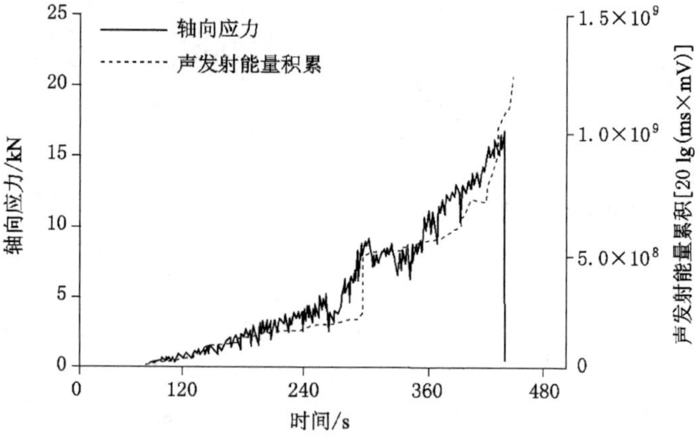

图 5-12　2# 白云岩巴西劈裂实验力与声发射能量关系曲线

本节对岩样在巴西劈裂条件下变形破坏全过程的声发射特征以及不同加载速率对其的影响进行研究，实验结果如图 5-13 至图 5-16 所示。

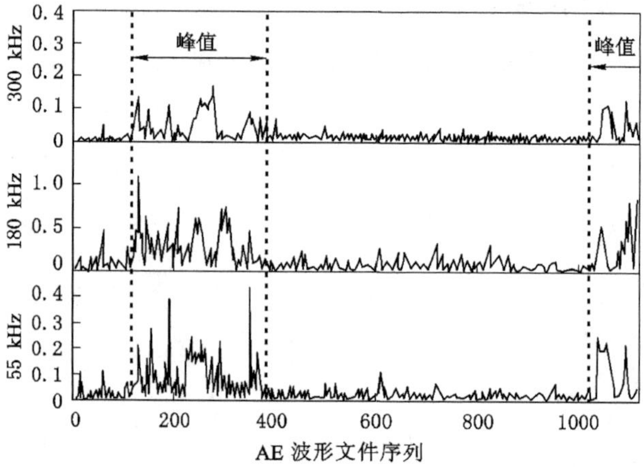

图 5-13　1# 白云岩巴西劈裂实验过程中不同频率区段幅值变化

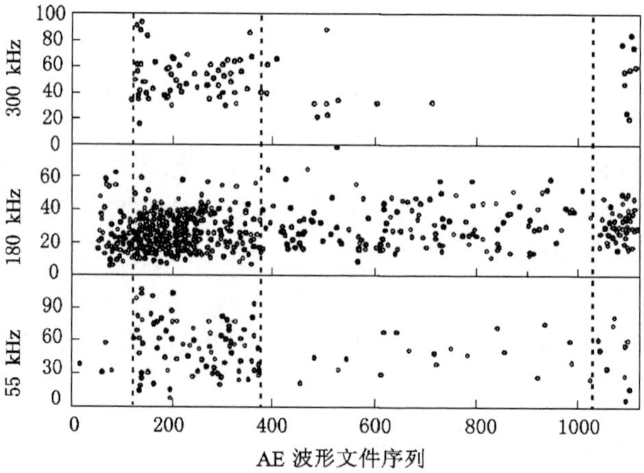

图 5-14　1# 白云岩巴西劈裂实验过程中不同频率区段 b 值变化

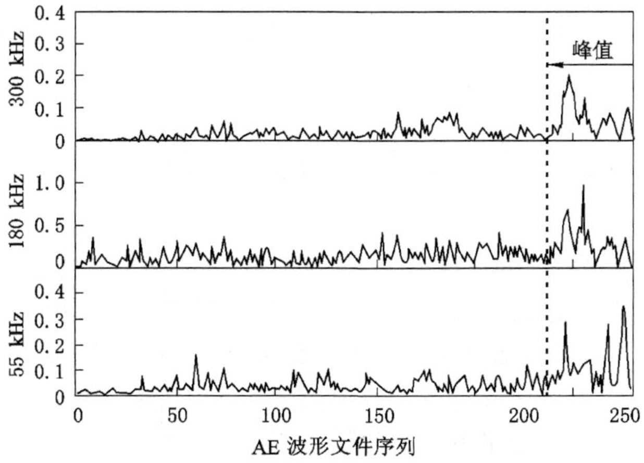

图 5-15　2# 白云岩巴西劈裂实验过程中不同频率区段幅值变化

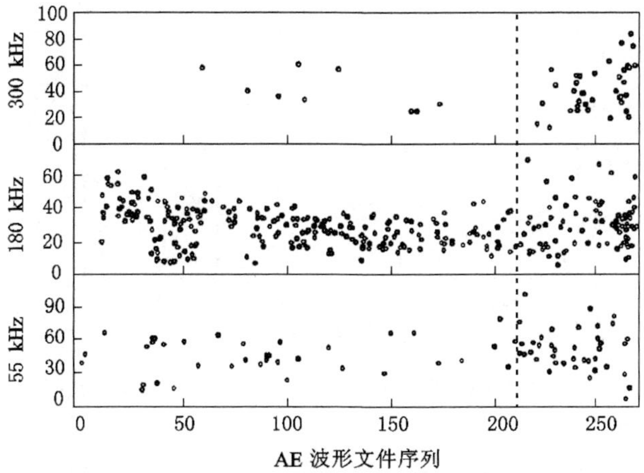

图 5-16　2# 白云岩巴西劈裂实验过程中不同频率区段 b 值变化

1# 和 2# 白云岩巴西劈裂实验过程中不同频率区段幅值变化如图 5-13 和图 5-15 所示，1# 和 2# 白云岩巴西劈裂实验过程中不同频率区段 b 值变化如图 5-14 和图 5-16 所示，从图中可以看出，声发射信号在频段为 55 kHz、180 kHz 和 300 kHz 内均有幅值波动，一般来说，越接近应力峰值，声发射的幅值也就越大，b 值也就越小，1# 和 2# 岩样在 300 kHz 频率区声发射信号的幅值变化都不太明显，并且大部分不满足 Cutenberg-Richter 的 b 值关系式，仅在峰值出现的时刻有 b 值显示，也即是说，如果声发射信号的幅值在 300 kHz 频率段有 b 值出现，则试样接近或者已经破坏。波形幅值在 55 kHz 和 180 kHz 段的变化较为明显，其中 55 kHz 在峰值前后变化更大一些。

声发射特征与各变形阶段其内部结构损伤信息的变化是相对应的，声发射参数可表征岩石拉伸破坏微观结构损伤和演化。随着加载速率的增大，声发射能量率随之增大，峰值处释放的声发射能量最大值呈递增趋势，而声发射累积能量呈递减趋势，这可能与加载时间有关;试件的抗拉强度随加载速率的增大而增大,同步监测声发射能量峰值亦随加载速率的提高呈上升趋势如图 5-15 和图 5-16 所示,不同加载速率下声发射能量峰值的变化能够反映岩石的抗拉能力。

5.4 岩爆模拟试验中的声发射能量分析

5.4.1 岩爆模拟试验中的能量累计特征

图 5-17 和图 5-18 分别是 1# 和 2# 白云岩岩爆模拟实验过程中体应变与声发射能量的关系曲线图,1# 白云岩在实验过程中声发射能量累积达到 5.9×10^{10} 个单位值,其中岩爆发生阶段所积累的能量占总量的 60%左右,约为 3.4×10^{10} 单位值。2# 白云岩在实验过程中岩爆发生时所释放的声发射能量占总量的 35%左右,约为 1.6×10^{9} 单位值,其声发射累积能量仅为 1# 白云岩声发射累积能量的 7%,约为 5.4×10^{9} 单位值。

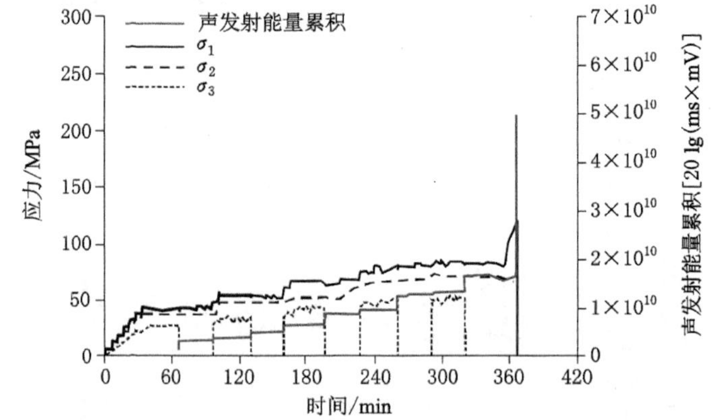

图 5-17　1# 白云岩岩爆模拟实验中体应变与声发射能量关系曲线

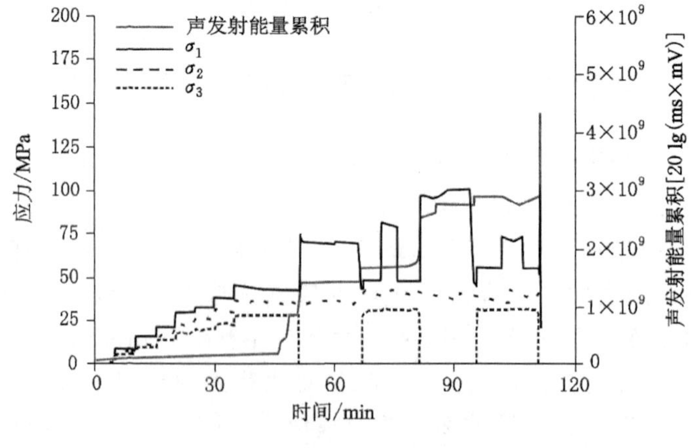

图 5-18　2# 白云岩岩爆模拟实验中体应变与声发射能量关系曲线

岩爆能量理论认为,岩爆现象是由于岩体内能量的不稳定所导致的,在岩石力学实验中,在实验的加载阶段,加载系统所施加给试样的能量主要转化为两种:一种是存储于岩石内部的应变能；一种是导致岩石内部裂纹闭合或扩展的断裂能；当试样一旦发生卸载，这部分能量就会以应力波的形式释放出来，其耗散能量度量就是声发射的能量累积。

通过将声发射能量累积和岩爆时刻的应力特征和白云岩岩爆时的能量特性相结合，见表 5-1。从表中可以看出，1# 白云岩在岩爆时刻声发射能量比较大，破坏时主应力降也比较大，这种白云岩易发生岩爆，而且发生岩爆时所造成的灾害也比较严重。

表 5-1　　白云岩岩爆破坏时的能量特征

试样编号	破坏时刻 ($\sigma_1+\sigma_2$)	破坏时主应力降 $\Delta\sigma$	岩爆前声发射能量累积	岩爆时声发射能量累积
1# 白云岩	190.1	3×10^5	3.4×10^{10}	5.9×10^{10}
2# 白云岩	157.3	4×10^3	5.4×10^9	1.6×10^9

5.4.2 岩爆模拟试验中的声发射时频特征

岩爆模拟试验是探讨岩爆机制的一个重要组成部分。岩石室内试验表明，发生岩爆的岩石具有典型的脆性破坏特征，因此通过对岩爆试验的声发射特征结合应力与应变特征总结出岩爆破坏前的声发射基本参数特征。

图 5-19 至图 5-22 显示了 1# 和 2# 白云岩实验过程中的声发射幅值和 b 值的变化情况，与单轴压缩实验与巴西劈裂实验不同，岩爆实验中的 55 kHz 频率段的声发射信号有较为明显的迁移，在 300 kHz 频率段的声发射信号也不是太清晰，但 180 kHz 频率的信号还是可以看出岩样破坏前后幅值和 b 值的变化情况。

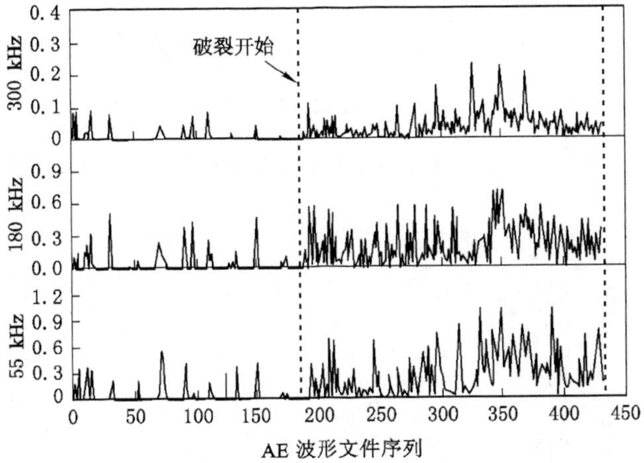

图 5-19　1# 白云岩岩爆模拟实验中不同频率区段幅值变化

从图中可以看出，1# 和 2# 岩样的声发射信号幅值在岩爆发生时有所增大，这种趋势一直保持到岩爆发生后，其中 1# 岩样的声发射信号幅值在 300 kHz 频率段岩爆发生后幅值增长较小，而 2# 岩样的声发射信号幅值在 55 kHz 频率段岩爆发生后幅值增长较小，其 b 值在岩爆发生前均有所降低，而且大都不满足 Gutenberg-Richter 的 b 值关系式。

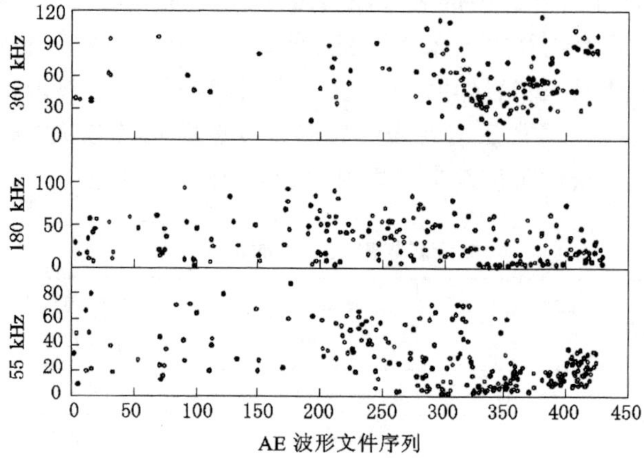

图 5-20　1# 白云岩岩爆模拟实验中不同频率区段 b 值变化

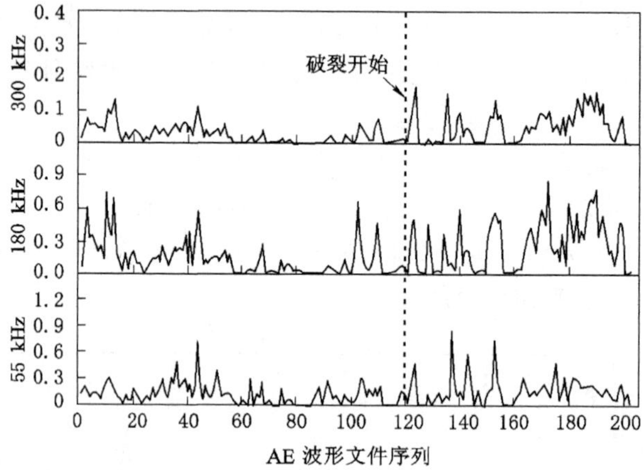

图 5-21　2# 白云岩岩爆模拟实验中不同频率区段幅值变化

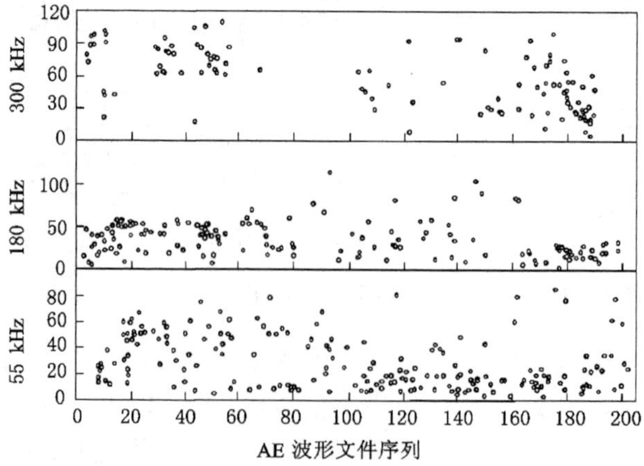

图 5-22　2# 白云岩岩爆模拟实验中不同频率区段 b 值变化

5.5 本章小结

在岩爆实验过程中通过对岩样声发射信号的监测来分析白云岩破坏时的能量释放特征，并利用傅立叶变换分析声发射波形的三个频段 55 kHz(45～60 kHz)、180 kHz (175～210 kHz)和 300 kHz (280～330 kHz)的幅值变化和岩样破坏之间的关系。

通过对比测点 2 的 1# 和 2# 白云岩试样破坏时的声发射累积能量，巴西劈裂实验探测到的能量累积最少，而岩爆实验探测到的累积能量最多，通过分析波形的幅值可知，两种岩样在进行巴西劈裂实验时幅值最小，从实验结束后声发射波形的幅值变化来看，三个频段的幅值在其应力应变有较大变化时也会随之变化，特别是在应力达到峰值附近时，幅值变化最为明显，呈逐渐变大趋势并持续到实验结束。

在实验中 180 kHz(175～210 kHz)频段的幅值与应力峰值变化相对应，而且大部分都满足 Gutenberg-Richter 的 b 值关系式，岩样在发生破坏时 b 值出现且呈降低趋势。所以通过 180 kHz(175～210 kHz)频段的声发射波形可以判断和预测岩爆的发生。除此之外，岩样发生岩爆时刻的声发射能量也可解释白云岩发生岩爆的破坏程度。产生声发射能量较多的岩样，岩爆发生时破坏也较为严重。

6 基于GBM模型的脆性岩石破裂特征模拟研究

6.1 颗粒流理论概述

颗粒流模型[121](Particle Model)是近年来发展的用于模拟地质材料变形与破裂的一种数值模拟方法。所模拟的材料处于连续介质和非离散介质之间,通常是采用若干圆形刚性粒子随机连接的组合体。材料的变形是由粒子间接触面上法向和切向的刚度控制,材料强度由粒子间结合键的强度和粒子间的摩擦系数决定,损伤是通过键的渐进破裂来实现。材料的宏观力学行为取决于基本构成粒子间的相互作用。土、岩石和混凝土的差别是通过赋予不同的粒子的刚度以及键的强度来描述的。在这方面已经成型的方法有PFC(Parctile Flow Code),即颗粒模型能够研究细观结构相互作用对宏观力学行为的影响,可处理接触问题。但是,将介质离散成刚性颗粒值得商榷(特别是在计算尺度较大的问题时),同时这种方法不能显示破裂过程中的应力分布和转移规律,而应力的变迁规律对于实际中各种破裂问题的预测和研究是非常重要的。

颗粒流程序是通过离散单元方法来模拟圆形颗粒介质的运动及其相互作用。最初,这种方法是研究颗粒介质特性的一种工具,它采用数值方法将物体分为有代表性的数百个颗粒单元,期望利用这种局部的模拟结果来研究边值问题连续计算的本构模型。以下两种因素促使PFC方法产生变革与发展:① 通过现场实验来得到颗粒介质本构模型相当困难;② 随着微机功能的逐步增强,用颗粒模型模拟整个问题成为可能,一些本构特性可以在模型中自动形成。因此,PFC便成为用来模拟固体力学和颗粒流问题的一种有效手段。

6.1.1 颗粒体黏结模型

PFC3D中允许颗粒与颗粒在接触处产生黏结,并且有两种标准的黏结模型,即接触黏结模型和平行黏结模型[122,123]。两种黏结模型均可被想象为一种黏结两颗粒的胶结物质。

接触黏结模型,如图6-1(a)所示,颗粒与颗粒之间通过一点发生接触黏结,在颗粒间发生相对位移时便在接触点产生力。当法向力或切向力超过对应的黏结强度时,则黏结破坏。由于接触黏结是点接触,只能传递力,不能传递力矩。

平行黏结模型,如图6-1(b)所示,模拟两相邻颗粒间的附着胶凝物质。该黏结材料的有限刚度与接触点刚度并联连接,任何作用在两个颗粒上的附加荷载都会分配给接触弹簧和平行黏结弹簧,可传递力和力矩[124-126]。

6.1.2 平行黏结模型

本书采用的GBM[127]模型中,颗粒间的黏结模型采用平行黏结模型,见图6-2。图6-2

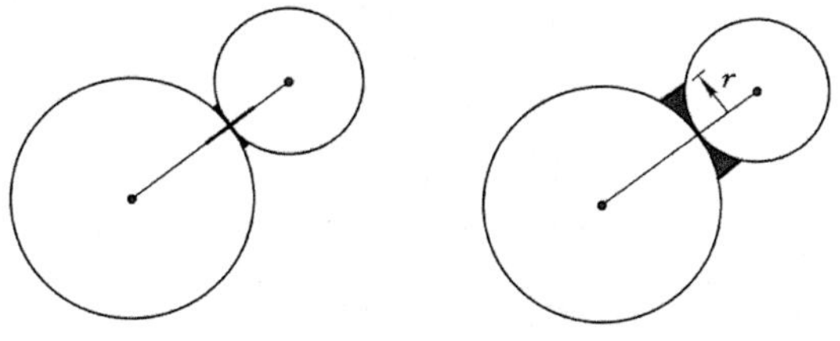

(a)　　　　　　　　(b)

图 6-1　黏结模型

(a) 接触黏结模型；(b) 平行黏结模型

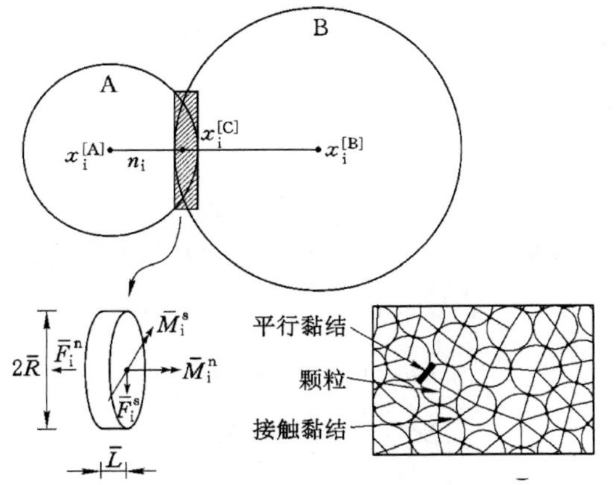

图 6-2　平行黏结模型

中，A、B 分别表示两个接触颗粒；$x_i^{[A]}$、$x_i^{[B]}$、$x_i^{[C]}$ 分别表示颗粒 A、B 及黏结的中心坐标；$\bar{R}$ 表示黏结半径；$\bar{L}$ 表示黏结厚度。$\bar{F}_i$ 和 $\bar{M}_i$ 分别为平行黏结中的力和力矩。在计算过程中，$\bar{F}_i$ 和 $\bar{M}_i$ 与平行黏结相关，即代表在颗粒 B 上黏结的作用力和力矩。$\bar{F}_i$ 和 $\bar{M}_i$ 可分解为法向分量和切向分量：

$$\begin{cases}\bar{F}_i=\bar{F}_i^n+\bar{F}_i^s \\ \bar{M}_i=\bar{M}_i^n+\bar{M}_i^s\end{cases} \tag{6-1}$$

式中　$\bar{F}_i^n$，$\bar{M}_i^n$、$\bar{F}_i^s$，$\bar{M}_i^s$——法向和切向分量，而平行黏结以圆柱体形的弹性材料表示。法向分量根据标量 $\bar{F}^n$ 和 $\bar{M}^n$ 可以表示为：

$$\begin{cases}\bar{F}_i^n=(\bar{F}_j n_j)n_i=\bar{F}^n n_i \\ \bar{M}_i^n=(\bar{M}_j n_j)n_i=\bar{M}^n n_i\end{cases} \tag{6-2}$$

平行黏结形成后，力 $\bar{F}_i$ 和弯矩 $\bar{M}_i$ 初始值均为 0。后续每个计算时步，在接触处产生相对位移增量 ΔU 和转动增量 $\Delta\theta$，从而以前弹性力和弹性力矩增量，并添加到每个时步的初始值上。发生在每一计算时步 Δt 内的弹性力增量表达式为：

$$\begin{cases}\Delta\bar{F}_i^n=(-\bar{k}^n A\Delta U^n)n_i\\ \Delta\bar{F}_i^s=-\bar{k}^s A\Delta U_i^s\\ \Delta U_i=V_i\Delta t\end{cases}\tag{6-3}$$

式中 V_i——接触处的相对运动或接触速度。

而每一计算时步 Δt 内的弹性力矩增量表达式为：

$$\begin{cases}\Delta\bar{M}_i^n=(-\bar{k}^s J\Delta\theta^n)n_i\\ \Delta\bar{M}_i^s=-\bar{k}^n \mathrm{I}\Delta\theta_i^s\\ \Delta\theta_i=(\omega_i^{[B]}-\omega_i^{[A]})\Delta t\end{cases}\tag{6-4}$$

式中 $\bar{k}^n,\bar{k}^s$——平行黏结的法向刚度和切向刚度；

n_i——接触点法向矢量；

A——平行黏结截面面积；

J——该截面极惯性矩；

I——该截面沿接触点对转动方向的转动惯量。

将力和力矩的增量分别与其初值相加，得到新的力和力矩，如式(6-5)所示。

$$\begin{cases}\bar{F}_i^n\leftarrow\bar{F}^n n_i+\Delta\bar{F}_i^n\\ \bar{F}_i^s=\{\bar{F}_i^s\}_{rot.2}+\Delta\bar{F}_i^s\\ \bar{M}_i^n\leftarrow\bar{M}^n n_i+\Delta\bar{M}_i^n\\ \bar{M}_i^s=\{\bar{M}_i^s\}_{rot.2}+\Delta\bar{M}_i^s\end{cases}\tag{6-5}$$

式中 $\{\}_{rot.2}$——接触面参数的更新。

根据梁体承载分析，在平行黏结周围分布的最大拉应力和最大剪应力分别表示为式(6-6)和式(6-7)。

$$\sigma_{max}=\frac{-\bar{F}^n}{A}+\frac{|\bar{M}_i^s|}{I}\bar{R}\tag{6-6}$$

$$\tau_{max}=\frac{|\bar{F}_i^s|}{A}+\frac{|\bar{M}^n|}{J}\bar{R}\tag{6-7}$$

式中 $\bar{R}$——平行黏结半径，通过取两接触颗粒 A 和 B 半径中的小值乘以平行黏结半径系数得到，如果最大拉应力超过法向强度($\sigma_{max}\geqslant\bar{\sigma}_c$)，或最大剪应力超过切向强度($\tau_{max}\geqslant\bar{\tau}_c$)，则平行黏结破坏。相应地，其在岩体宏观破坏过程中表现为张拉破坏或剪切破坏。

6.1.3 光滑节理模型

在颗粒流法中，对于岩体中节理的描述，一般采用黏结接触面或一定厚度的软弱材料表示，但无论采用哪种方法均存在一定的不足。当采用黏结接触面描述结构面时，颗粒间表现出“颠簸”效应[128]，与结构面力学效应完全不符；采用一定厚度的软弱材料表示结构面，当结构面宽度很小时，代表微小结构面的颗粒将导致计算收敛困难。同时当存在多组不同产状的结构面时，前述方法都无法建立有效的计算模型。而光滑节理模型正好克服了上述缺陷。

光滑节理模型作为一种全新的颗粒接触模型，用于模拟节理的力学行为，使用过程中可不考虑节理面上颗粒间接触方位，如图 6-3 所示。在颗粒体模型中嵌入光滑节理模型后，所有位于节理面两端颗粒间的接触将被赋予光滑节理模型，从而实现模拟摩擦型节理或黏结型节理的特性。

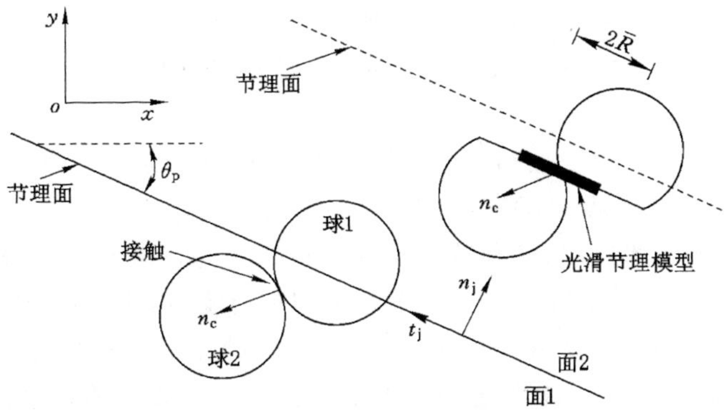

图 6-3 光滑节理模型

在颗粒体中，在使用光滑节理模型时，若节理面穿过颗粒集合体，则节理面两端相邻颗粒间的原始接触模型将转变为光滑节理模型，并且光滑节理模型上的颗粒将沿节理面平行滑动。图 6-4 描述了一例在颗粒体模型中嵌入节理面后颗粒间的原始接触模型转换为光滑节理模型的过程。

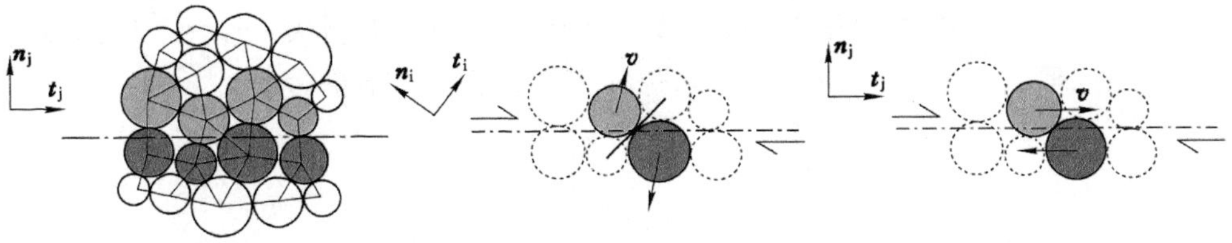

图 6-4 光滑节理模型的作用过程

(a) 颗粒体；(b) 原始接触模型；(c) 光滑节理模型

如图 6-3 所示，叙述光滑节理模型的原理。光滑节理仅能在颗粒—颗粒接触处存在。节理的几何要素由两个总是相互平行的二维平面（面 1 和面 2）构成。平面的产状由单位法向向量 $\boldsymbol{n}_j$ 表示，$\boldsymbol{n}_j$ 指向的方向为面 2。类似于 JSET 模型定义，单位法向向量由倾角（θ_p）和倾向（θ_d）决定，即：

$$\boldsymbol{n}_j = (\sin(\theta_p)\sin(\theta_d), \sin(\theta_p)\cos(\theta_d), \cos(\theta_p)) \tag{6-8}$$

当光滑节理模型创建后，将发生如下变化：① 接触模型和平行黏结（如果存在）将被删除，并由没有平行黏结的光滑节理接触模型代替。② 除倾角和倾向外，所有性质均通过接触和两个接触实体的特性继承。③ 力、位移被设置为零。

光滑节理模型可被假想为以颗粒间接触点为中心、产状平行于节理面、截面为圆盘状的一系列均匀分布的弹簧，其横截面面积由下式决定：

$$A = \pi \bar{R}^2 \tag{6-9}$$

式中　R——光滑节理模型半径，$\bar{R}=\bar{\lambda}\min(R^{(A)}, R^{(B)})$，$R^{(A)}$和$R^{(B)}$分别为颗粒半径。

假定$\boldsymbol{U}$为面2相对于面1的平移位移向量，$\boldsymbol{F}$为作用在面2上的力向量，则$\boldsymbol{U}$和$\boldsymbol{F}$可表示为：

$$\boldsymbol{U}=U_n\boldsymbol{n}_j+U_s \tag{6-10}$$

$$\boldsymbol{F}=F_n\boldsymbol{n}_j+\boldsymbol{F}_s \tag{6-11}$$

式(6-10)和式(6-11)中，U_n和U_s分别为法向位移和切向位移，F_n和F_s分别表示法向接触力和切向接触力。

光滑节理模型的接触力—位移定律包括两种节理特性，以黏结模式 sj_bmode 表示，即：库仑滑动膨胀特性(sj_bmode<3)和黏结特性(sj_bmode=3)。

在每一计算时步初始时刻，光滑节理模型的有效状态将被检验。若光滑节理模型被检验为无效，则模型将被自动删除。若光滑节理模型被检验为有效，则光滑节理模型上两颗粒间的相对位移增量将被分解为垂直节理面的法向分量和平行节理面的切向分量(ΔU_n和ΔU_s)，而总位移量将更新。位移增量的弹性部分(ΔU_n^e和ΔU_s^e)将由裂隙值决定：如果节理为黏结型，则整个位移增量为弹性；如果节理为非黏结型，则只有当裂隙为负数时产生的位移增量部分为弹性。将位移增量的弹性部分乘以光滑节理的法向和切向刚度，便可得到节理受力的增量，并由式(6-12)和式(6-13)决定：

$$F_n:=F_n+\bar{k}_nA\Delta U_n^e \tag{6-12}$$

$$F'_s:=F_s-\bar{k}_sA\Delta U_s^e \tag{6-13}$$

光滑节理模型存在两种模式，即非黏结模式和黏结模式。两种模式的区别如下所示。

在非黏结模式光滑节理模型中，如图6-5所示，如果$|F'_s|\leqslant(F_s^*=\mu F_n)$，则$|F_s|=|F'_s|$。否则，假定滑动发生，滑动时剪切位移产生的法向力增量为：

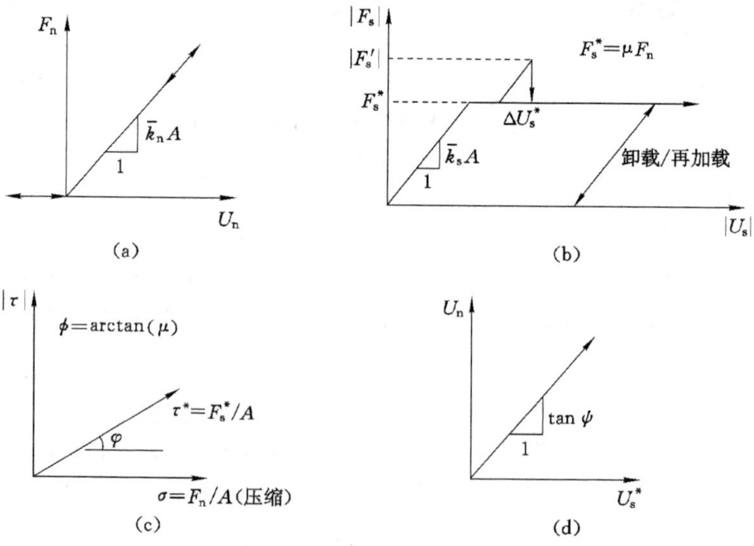

图6-5　非黏结模式光滑节理模型

(a) 法向力/法向位移；(b) 剪切力/剪切位移；(c) 强度包络线；(d) 滑动过程中法向位移/剪切位移

$$|F_s| = F_s^* \tag{6-14}$$

$$F_n := F_n + [\Delta U_s^* \tan\psi]\bar{k}_n A = F_n + \left(\frac{|F'_s| - F_s^*}{\bar{k}_s}\right)\bar{k}_n \tan\psi \tag{6-15}$$

式中 μ——摩擦系数；

ψ——剪胀角。

在黏结模式光滑节理模型中，如图 6-6 所示，如果 $F_n < -\sigma_c A$，则黏结以张拉形式破坏（$M=1, F_n = |F_s| = 0$）。否则，黏结仍然保持完整，F_n 并不变化。如果 $|F'_s| \geqslant \tau_c A$，则黏结以剪切形式破坏（$M=2$，如果黏结处于张拉状态，则 $F_n = |F_s| = 0$；否则，F_n 不会改变且 $|F_s \leqslant F_s^*|$）。否则，黏结仍然保持完整，且 $|F_s| = |F'_s|$。在上述表述中，σ_c 和 τ_c 分别为黏结法向强度和切向强度，A 为黏结横截面积。

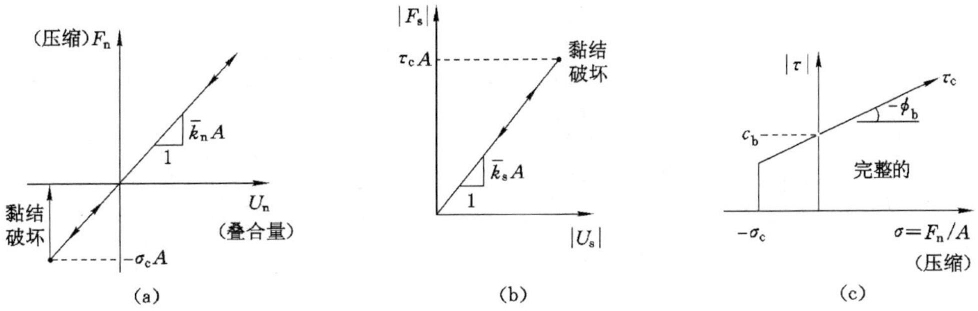

图 6-6 黏结模式光滑节理模型

(a) 法向力/法向位移；(b) 剪切力/剪切位移；(c) 强度包络线

因光滑节理模型的摩擦系数为零。模型中的颗粒均是沿着光滑节理模型表面滑动，而非沿着颗粒表面滑动，因此，光滑节理模型的存在消除了颗粒间相互滑动的“颠簸”效应。

6.2 模型基本概念及算法描述

6.2.1 模型基本概念

采用颗粒流理论及 PFC 程序开展的一系列研究工作，促进了岩石力学细观机理研究的发展。然而，这些研究均是以传统的颗粒体模型为基础开展的。颗粒体模型由圆盘颗粒构建，其细观力学参数的反演常由单轴压缩试验实现。M. Diederichs[129] 研究发现，通过单轴压缩试验反演获取的颗粒体模型细观力学参数，用于单轴拉伸数值试验时会得到较高的单轴抗拉强度，致使计算单轴抗压与抗拉强度比值 σ_{ucs}/σ_t（通常为 4～5）偏低，与实际岩石试样的强度特性相差较大。D. O. Potyondy 分析认为，造成该问题的原因是由于颗粒体模型以圆盘或球形颗粒单元构建，不能反映岩石内部不规则矿物颗粒的构造规律与结构特征，因此无法产生岩石颗粒间的自锁效应。

本节采用 GBM 模型即颗粒体模型与光滑节理模型相结合，构建具有岩石矿物细观结构特征的 Grain-based 模型（简称 GBM），通过室内试验与计算结果的对比分析，验证 GBM 模型在岩石力学特征研究中的适宜性与可靠性，同时，从细观角度深入揭示岩石在单轴拉伸、单轴压缩、三轴压缩条件下的破裂机理与强度特性。从而为研究岩爆的发生机理提供一种新的途径。

6.2.2 实现算法描述

Grain-Based结构是一个完全由颗粒间空隙组成的多边形，所建立的PFC2D模型要求是没有周围墙的限制，而且每个颗粒之间至少有两个接触面，也就是说每个接触面要连接两个颗粒，每一个接触毗邻两个间隙。其建立的过程是先取模型中颗粒的中点，并使其相连组成一个多边形，如图6-7(a)所示，取组成的每个多边形的中心将其标示为红色，如图6-7(b)所示。再将这些标记的红点用线连接起来，就组成如图6-7(c)所示的形状，最后删除图6-7(c)中的颗粒及由颗粒中心所组成的多边形，就形成了图6-7(d)中的晶格结构。

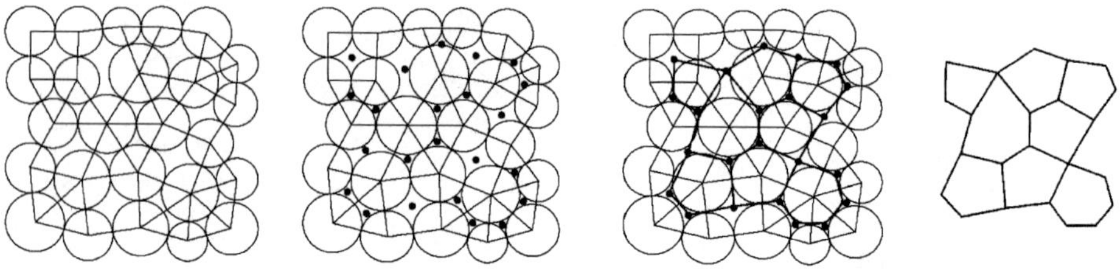

(a)　　(b)　　(c)　　(d)

图6-7　GBM结构建立示意图

利用上述算法将一组由粒状(圆形/球形颗粒或超级颗粒)和胶结物质(接触或平行黏结)组成的人工合成材料加入更加接近自然状态的光滑节理裂隙。

随后，将所建的模型进行颗粒尺寸细化处理，这个程序将用两个更小的颗粒(半径 R_1 和 R_2)替代一个给定的颗粒(半径 R_0 位置 X)，其总体积等于给定颗粒的体积。新的半径依据如下确定。新的颗粒只是相互碰触(没有重叠)，方向、位置任意使得放置接触点与原始颗粒中心一致。

条件是新颗粒的总体积等于给定颗粒的体积，表达如下：

$$\begin{cases} R_1^{\lambda}+R_2^{\lambda}=R_0^{\lambda} \\ \lambda=\begin{cases} 2 & (2D) \\ 3 & (3D) \end{cases} \end{cases} \tag{6-16}$$

而且，我们希望 l 细化后的最终半径比($R_1>R_2$)不大于 β，即基础材料的球尺寸比(R_{max}/R_{min})。每次传递设置：

$$1\leqslant\frac{R_2}{R_1}\leqslant\beta^{(1/l)} \tag{6-17}$$

R_1 值满足式(6-16)和式(6-17)：

$$[1+\beta^{(\lambda/l)}]^{-1/\lambda}\leqslant\frac{R_1}{R_0}\leqslant 2^{-1/\lambda} \tag{6-18}$$

每次传递选择新的颗粒半径：

$$\begin{cases} R_1 = s_1 + \alpha(s_2 - s_1) \quad \alpha \in [0,1] \\ R_2 = (R_0^{\lambda} - R_1^{\lambda})^{-1/\lambda} \\ s_1 = R_0\ [1+\beta^{(\lambda/l)}]^{-1/\lambda} \\ s_2 = R_0 2^{-1/\lambda} 25 \end{cases} \tag{6-19}$$

其中 α 是一个细化参数，范围为 0～1。如果 $\alpha=1$，那么 $R_1=R_2$ 而且替代材料的球尺寸半径与基础材料的半径相等。然而，源于给定颗粒的所有颗粒是同样的尺寸，这会产生结晶压缩物质。如果 $\alpha<1$，那么 $R_1 \neq R_2$ 而且替代材料的球尺寸比例大于基础材料的球尺寸。因此，我们以增加球尺寸比例为代价消除结晶压缩物质。球的密度 ρ_b 设置通过直接指定或者指定体积区域 V 中的体积密度 ρ，对于选择指定体积区域颗粒密度（所有颗粒尺寸已经调整）可以得到如下关系式：

$$\rho_b = \rho\left(\frac{V}{\sum_{n_p} V^{(P)}}\right) \tag{6-20}$$

式中，$V(p)$ 是颗粒体积（p）（假设分别为 2D 圆盘或 3D 球体），区域中有 n 个颗粒。这个表达式对组成圆形或球形颗粒和超级颗粒的材料均有效。

将晶格叠加到生成的试样颗粒上，此时不能简单地进行叠加，为了将晶格和试样颗粒完全融合，需要做一定的处理，每一个颗粒和晶格的属性都要建立起联系，其中颗粒的属性有 ρ, k_n, k_s 和 μ，晶格的属性有 $\rho, E_c, k_n/k_s, \mu$，可以使用如下关系式将它们联系起来：

$$k_n = 2tE_c(t=1) \tag{6-21}$$

$$k_s = k_n/(k_n/k_s) \tag{6-22}$$

如果它们之间的接触是平行黏结，则使用平行黏结则颗粒的属性为（$\bar{\lambda}, \bar{k}^n, \bar{k}^s, \bar{\sigma}_c, \bar{\tau}_c$），晶格的属性为 $\bar{\lambda}, \bar{E}_c, \bar{k}_n/\bar{k}_s, \bar{\sigma}_c$，则使用如下关系式建立它们之间的联系：

$$\bar{k}^n = \bar{E}_c/[R_{(A)} + R_{(B)}] \tag{6-23}$$

$$\bar{k}_s = \bar{k}_n/(\bar{k}_n/\bar{k}_s) \tag{6-24}$$

经过细化及叠加处理之后的模型如图 6-8 所示。

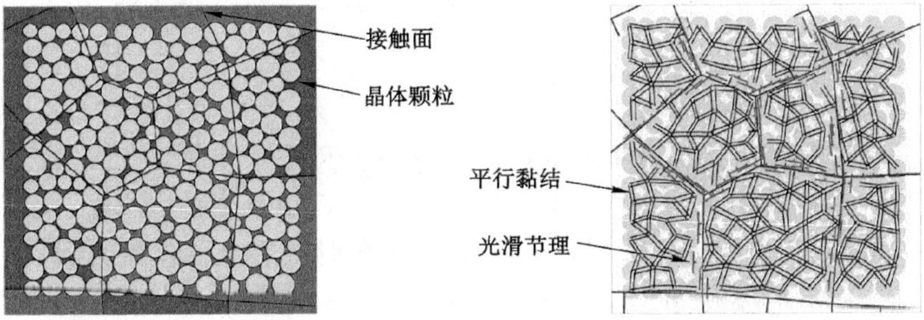

(a)　　　　(b)

图 6-8　细化之后的 GBM 结构模型

6.3 细观力学参数选取

6.3.1 颗粒体模型细观力学参数调试方法

就 PFC 程序而言，其使用颗粒生成计算模型，颗粒及其黏结等细观力学参数的选取，必须通过建立与试验试样相同尺寸的颗粒数值试样模型，赋予模型假定的细观力学参数进行数值试样试验，并将计算得到的试样宏观力学参数与现实试验结果对比。通过不断调试细观力学参数，当计算得到的宏观力学结果与试验结果基本一致时，便可将该组试样的细观力学参数应用于采用该材料的其他颗粒流计算模型。根据 PFC 计算模型应用的需要，这种细观力学参数的调试对比工作可在室内试验(例如室内单轴压缩试验、室内三轴压缩试验)尺度或现场原位(例如各类现场开挖引起的裂纹形成与扩展)试验尺度上进行。

室内试验尺度上细观力学参数的调试，通常是选取弹性模拟(E)、泊松比(ν)、起裂应力(σ_{ci})、强度包络线[$\sigma_f=\sigma_f(P_c)$，σ_f 和 P_c 分别为峰值强度和围压]作为比较对象。下述为室内试验尺度上，PFC 中细观力学参数常规调试方法：

① 首先将颗粒的黏结强度参数设置为较大值，通过不断变换颗粒的弹性模量 E_c 和黏结的弹性模量$\bar{E}_c$，获取与试验结果相匹配的数值试样计算宏观弹性模量 E。然后，变换颗粒的法向/切向刚度比 k_n/k_s 与平行黏结的法向/切向刚度比$\bar{k}_n/\bar{k}_s$，获取合适的数值试样计算泊松比 ν。该步骤可能需花费数个步骤才能获得与试样试验结果相近似的宏观弹性模量和泊松比。

② 一旦获取期望的数值试样宏观弹性参数后，随即设置颗粒黏结强度标准偏差为零，并不断变化黏结平均强度，匹配围压为零时的数值试样峰值强度。值得注意的是，颗粒黏结的法向/切向强度比将会影响数值试样的峰值强度，因此，调试过程中需固定黏结的法向/切向强度比。

③ 然后，通过增加颗粒黏结的强度标准偏差，匹配数值试样的起裂强度。通常这会降低数值试样的峰值强度，因此，需反复操作步骤②、③以获取期望值。

④ 如果需匹配峰后强度，即需调整数值试样中颗粒间的摩擦系数 μ。

⑤ 最后，通过一系列不同围压下的三轴压缩试验及巴西劈裂试验，分别获取数值试样的强度包络线及抗拉强度，并与试验结果进行匹配。

6.3.2 细观力学参数选取

岩石试样在进行数值模拟时其建立的颗粒体模型及光滑节理模型的力学性质可以通过细观力学参数来进行表述。在对所建立的数值模型进行计算之前，必须先给模型的细观力学参数进行赋值，然后才能进行数值计算，最后将数值计算得到的试样宏观力学参数与室内试验所获得的宏观力学参数进行对比，当数值试验结果与室内试验所获得的结果不一致时，通过不断地调整输入的细观力学参数，使数值试验获得的结果与室内试验所获得的结果基本一致时，便可将该组细观力学参数应用于实际模型的计算分析中。通过不断地调整输入的细观力学参数获得了表 6-1 的颗粒体模型细观力学参数和表 6-2 的光滑节理模型参数，在实际模型的计算分析中可通过输入这些参数能近似地描述试验岩石材料的力学特性。其中，光滑节理模型的法向和切向刚度$\bar{k}_n$、$\bar{k}_s$，分别与颗粒接触及平行黏结的法向和切向刚度相关，并由式(6-25)决定：

$$\begin{cases} I_n = k_n/A + \bar{k}^n \\ I_s = k_s/A + \bar{k}^s \\ A = 2\bar{R}t \quad (t=1) \end{cases} \tag{6-25}$$

式中　t——圆盘颗粒厚度；

A——光滑节理模型横截面积；

$\bar{R}$——光滑节理模型的接触半径；

$R^{(A)}$，$R^{(B)}$——颗粒半径。

白云岩试样尺寸为 100 mm×50 mm，圆形颗粒半径采用高斯分布，经 X 射线衍射分析，试样主要矿物组成成分为白云石、石英和长石，矿物颗粒的最小和最大半径分别为 R_{min} 和 R_{max}，采用高斯分布，且 $R_{min}=0.25$ mm 和 $R_{max}=0.45$ mm，采用的试样细观力学参数中颗粒属性的取值如表 6-1 所示，光滑节理面的属性取值如表 6-2 所示。

表 6-1　颗粒体模型细观力学参数

矿物成分	颗粒密度 ρ/(kg/m³)	摩擦系数 μ	弹性模量 E_c/GPa	法向—切向刚度比 k_n/k_s	平行黏结半径系数 $\bar{\lambda}$	平行黏结力矩贡献因子 $\bar{\beta}$	平行黏结弹性模量 $\bar{E}_c$/GPa	平行黏结法向—切向刚度比 $\bar{k}^n/\bar{k}^s$	平行黏结抗拉强度 $\bar{\sigma}_c$/MPa	平行黏结黏聚力 $\bar{C}$/MPa	平行黏结摩擦角 $\bar{\varphi}$/(°)
白云石	3 000	0.5	35	2.4	1.0	1.0	35	2.4	450	900	22
石英	3 000	0.5	75	2.4	1.0	1.0	75	2.4	600	1 200	43
长石	2 800	0.5	45	2.4	1.0	1.0	45	2.4	500	1 000	35

表 6-2　光滑节理模型细观力学参数

法向刚度 $\bar{k}_n$/(N/m)	切向刚度 $\bar{k}_s$/(N/m)	抗拉强度 σ_b/MPa	黏结系统黏聚力 C_b/MPa	黏结系统摩擦角 φ_b/(°)
$0.55I_n$	$0.55I_s$	13	140	25

6.4　脆性岩石力学特征及数值模型构建

6.4.1　脆性岩石力学特征分析

岩石工程体的稳定性与岩石的脆性有密切的关系，其中脆性指标是岩爆灾害预测的重要指标，它直接和岩体脆性断裂与地下洞室围岩结构的稳定性直接相关，但当时对岩石脆性的定义及测试并没有统一的方法。M. Hetenyi[130] 和 A. Morley[131] 将脆性定义为材料塑性的缺失；J. G. Ramsey[132] 把岩石内黏聚力的破坏行为定义为脆性破坏。而 W. I. Duvall 和 L. Obert 则认为[133]：多数岩石材料达到或超过屈服强度而发生破坏的性质即为脆性；在地质学中相关学者认为脆性是指材料破坏或断裂前所表现出来的极小或没有塑性变形的性质。

材料的脆性虽然还没有被明确定义，但以下的这些特征已经达成共识：① 材料破坏在低应变时发生；② 材料内部微裂纹主导和控制其脆性破坏的形态；③ 岩石材料是由大量的细颗粒物质组成；④ 脆性材料具有较高的抗压和较低的抗拉能力，即压拉比较大；⑤ 具有较高的回弹能和内摩擦角；⑥ 脆性材料在进行硬度测试时内部裂纹发育完全。

对于岩石材料来说，脆性是由岩石材料的内因和外因共同决定，内因主要包括岩石内部的矿物颗粒以及岩石的构造等，外因主要是岩石材料在特定的加载条件下内部产生的非均匀应力所导致的局部破坏。因此岩石材料的脆性可以归纳为以下几个方面：① 岩石的脆性受多个因素共同制约，需要建立特定的脆性指标才能表征岩石的脆性。② 脆性是岩石在特定的加载条件下是以内在非均质性为前提所表现出来的特性。③ 脆性破坏是指岩石在非均匀应力作用下所产生的局部破坏并形成多维破裂面的过程。在外力作用下，岩石从内部微裂纹产生、裂纹稳定发展到岩石破坏的过程都与岩石的脆性有着密切的关系。

针对岩石的脆性与其自身的力学特性之间的关系，很多学者都做了大量的研究工作：B. Das 和 V. Hucka 研究了岩石脆性与单轴抗压、抗拉强度之间的关系，得出了岩石脆性指标的 4 种表达方式，并认为岩石脆性越高其内部越容易形成微裂纹，也越容易发生脆性断裂[134]；G. Avni 和 R. Altindag 通过研究岩石的脆性指标与强度之间的关系发现了岩石的脆性指标 B_5 与抗拉强度之间有显示的相关性，并利用此特性建立了岩石抗压、抗拉强度函数关系式[135]；R. Altindag 还通过实例研究建立了岩石的脆性指标与断裂韧度之间的函数关系[136]；S. Yagiz 和 C. Gokceoglu 采用非线性多元回归与模糊推理系统确定了岩石脆性指标与抗压、抗拉强度之间的关系[137]。

岩石属于天然的非均匀材料，当受到外部力时，其内部的微裂纹、孔洞和颗粒边界等会导致应力集中，当内部集中的应力值超过该区域的强度时，便会出现局部破坏，此时应力集中转移到裂纹尖端，促使破坏不断发展最终导致岩石破裂。脆性岩石的破裂是从局部开始的，在外部轴向压应力的作用下，轴向裂纹的产生与发展是导致试样劈裂破坏的主要因素。

脆性岩石的峰前应力应变曲线分为四个阶段[138]（图 6-9）：第Ⅰ阶段为岩石内部原生裂纹的压缩闭合阶段；第Ⅱ阶段为岩石的线弹性变形阶段；第Ⅲ阶段为内部裂纹形成及稳定扩展阶段；第Ⅳ阶段为裂纹非稳定扩展阶段。不同阶段所对应的应力也不同，分别为裂纹闭合应力 σ_{cc}，裂纹起裂应力 σ_{ci}，裂纹贯通应力 σ_{cd}（也称为损伤强度）和峰值应力 σ_c。当施加的应力达到 σ_{ci} 时，岩石内部开始出现张拉微裂纹，其方向平行于最大主应力，此时对应的应力水平约为岩石峰值强度的 40%。脆性岩石在应力水平较低时可能表现出来的力学行为是内部破裂，从刚开始破裂时的应力点开始，岩石的应力应变曲线就进入了非线性阶段，其中 σ_{ci} 为岩石开始出现破裂时的阀值，该阶段开始伴有声发射事件，声发射强度在峰值应力点时达到最大。W. F. Brace 等通过对多种岩石进行测试得出：一般岩石起裂的应力值约为宏观破裂应力值的 $\frac{1}{2}$ 或 $\frac{1}{3}$[139]。目前，主要有两种方法可以确定岩石的起裂应力，一种对岩石试样进行声发射监测试验，二是根据岩样的裂纹体积应变拐点。岩石在荷载作用下破坏，主要与其微裂纹的形成、扩展及贯通有关。当裂纹开始形成到扩展这一阶段会造成岩样应力松弛，其储存的一部分能量会应力波的形式突然释放出来，岩石微裂纹刚开始形成时就伴有较为明显的声发射事件。但受试验过程中噪音的影响，裂纹的起裂瞬间的声发射事件不容易被监测到。

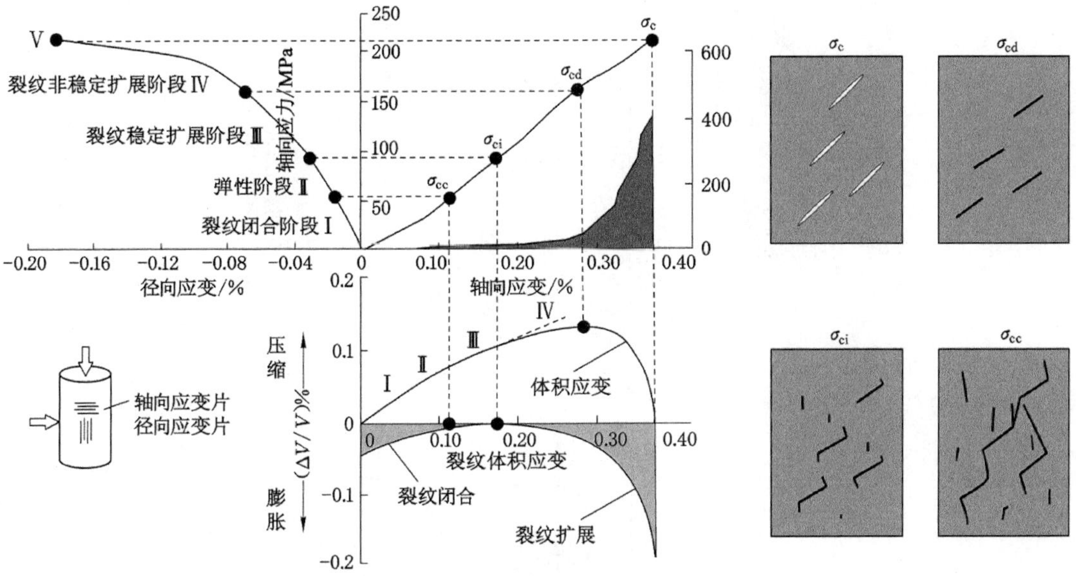

图 6-9　脆性岩石破坏过程阶段划分示意图

在岩石强度破坏机制室内试验或现场实验分析中，由 C. D. Martin 提出的裂纹体积应变模型被广泛使用[140]，岩石的裂纹应变是指其内部的原生裂纹在应力作用下起裂和扩展所导致的岩石轴向和径向变形的变化，岩石试样的体积应变 ε_V、轴向应变 ε_1 和侧向应变 ε_2 三者之间的关系可用式(6-26)表示：

$$\varepsilon_V=\varepsilon_1+2\varepsilon_2 \tag{6-26}$$

其中体积应变 ε_V 为总应变由两部分构成：一部分是岩样内原始裂纹的闭合或加载过程中新裂纹的张开和扩展形成的体积变化 ε_V^c，另一部分是相同应力下的弹性体积应变 ε_V^e。可用式(6-27)表示：

$$\varepsilon_V^e=\frac{1-2V}{E}(\sigma_1+2\sigma_3) \tag{6-27}$$

式中　E,v——曲线弹性阶段求得的弹性模量和泊松比；

σ_1——轴向应力；

σ_3——围压。

用总的体积应变 ε_V 减去弹性体积应变 ε_V^e 就可得到裂纹体积应变 ε_V^c，用式(6-28)表示：

$$\varepsilon_V^c=\varepsilon_V-\frac{1-2V}{E}(\sigma_1+2\sigma_3) \tag{6-28}$$

岩石应力应变关系及裂隙初始、扩展、贯通、峰后及体积应变特征都是表征脆性岩石破坏的重要阶段，如图 6-10 所示，由于岩石材料内部粒度、结构及岩性的差异性，岩石材料在压应力的作用下将产生张拉应力，此时内部微裂隙可能会产生在一个强度相对比较弱的颗粒边界上，其形成和发展方向主要平行于最大压应力方向，即裂隙初始[图 6-10(a)中的

B 和 F 点]，也标志着岩石的体积应变曲线偏离了线性行为，该点的应力近似等于岩石单轴抗压强度的 0.3～0.5 倍。

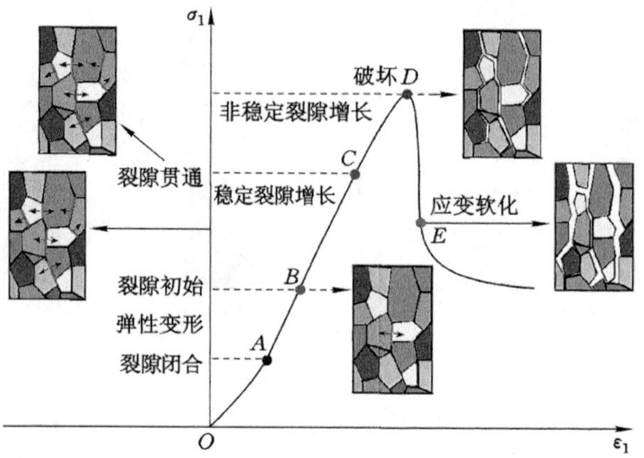

(a)

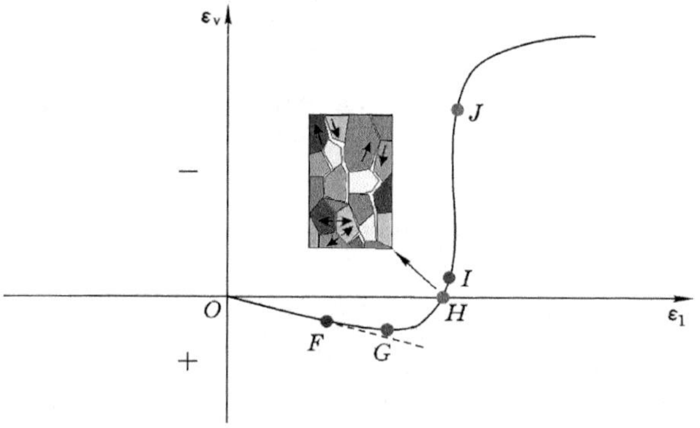

(b)

图 6-10　岩石应力—应变关系及裂隙发展过程和体积应变—关系示意图

当拉应力继续发展，岩石内部裂隙及新生成的裂隙以稳定的方式增加，密度不断加大，岩样的体积逐渐减少至最小值(图 6-10 中 C 点和 G 点)，体积应变曲线开始回转，裂隙贯通，非稳定裂隙开始生长，此时该点的应力近似等于峰值强度的 0.8 倍。当应力增加到峰值强度时(图 6-10 中 D 点和 I 点)，岩石出现宏观破坏，并在应变软化阶段其体积大幅快速增加，随着宏观断裂面的形成，试件的承载能力迅速下降。最后，体积应变增加的速率开始减小直至趋于恒定(图 6-10 中 E 点和 J 点)。

6.4.2　GBM 数值模型构建

试验试样按照国际岩石力学学会建议方法和岩石力学试样规范，加工成标准圆柱体，其直径 50 mm、高度 100 mm。经 X 射线衍射分析，试样主要矿物成分及其含量分别为：白云石 20%，石英 25%，长石 45%。其中，长石、石英等矿物自身强度较高，且具有较强的抗风化能力，而云母等矿物强度相对较低。根据白云岩细观特征及矿物分析结果来构建 Grain-Based 模型，模型的生成结果如图 6-11 所示，图 6-11(c)岩样试件模型中的三类不规则多边形分别代表石英、长石和白云石矿物，其粒径分别为 3 mm、4 mm 和 5 mm，其成分所占比例分别为 26%、24%和 50%。这三类矿物为不规则多边形网格在模型中按均匀分布随机生成。

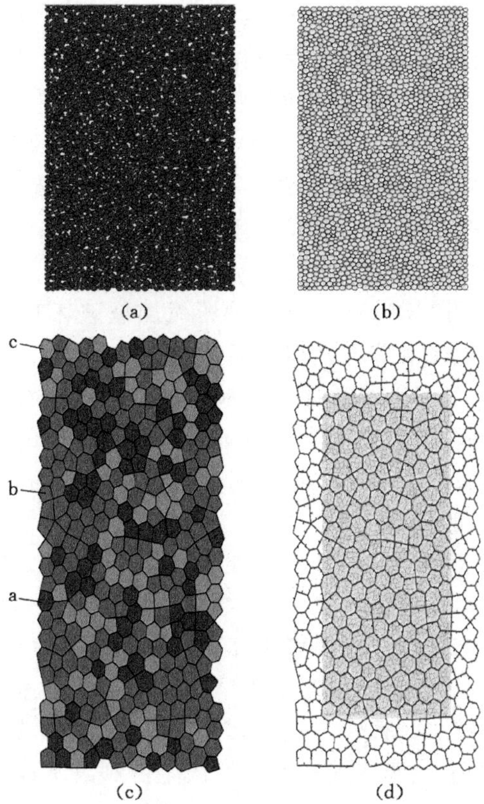

图 6-11 模型生成过程示意图

(a) 颗粒体模型(50 mm×100 mm);(b) 加入光滑节理之后的模型(50 mm×100 mm);
(c) 生成的 Grain 网格(70 mm×140 mm);(d) Grain 网格和模型叠加之后(70 mm×140 mm)
a——石英;b——长石;c——白云石;

6.5 岩石脆性特征细观数值模拟结果分析

6.5.1 岩石脆性破裂机理细观分析

本节对上述构建的白云岩 GBM 模型开展了单轴拉伸、单轴压缩和三轴压缩数值模拟试验。其中,在进行三轴压缩试验时围压范围设为 5～160 MPa,加载时基于伺服机制,通过不断调整四周墙体速率来保持围压恒定。在数值试验过程中,为了保证试件的静力加载状态,加载速率要设置得足够小,在本试验中轴向加载速率设置为 0.5。

在单轴拉伸试验、单轴压缩试验和三轴压缩(围压 7～160 MPa)试验下,白云岩 Gain-based 模型结构模型破坏时的裂纹分布情况如图 6-12 所示。其中,绿色线条代表模型中的光滑节理,紫色线条与黑色线条分别代表岩样相邻晶质体边界上产生的张拉裂纹和剪切裂纹,张拉裂纹和剪切裂纹由光滑节理模型破坏时产生,红色线条代表晶质体内部的张拉裂纹,由颗粒体模型内部平行黏结破坏时产生。

在单轴拉伸试验时，GBM模型破坏时，产生的裂纹全部为光滑节理模型破坏时所产生的张拉裂纹，发育方向沿近似与轴向加载相垂直的方向发育扩展。这表明，岩石试样在单轴拉伸条件下产生的宏观断裂与轴向加载方向相垂直，这种现象主要是因为相邻晶质体边界上的黏结破坏所造成的，且试样宏观断裂面凹凸不平。昆明理工大学张志雄通过对大红山矿石试样进行直接拉伸试验，获得了岩石破坏断裂破坏形式，文章分析认为：岩石在直接拉伸条件下表现为全断面拉断，其断裂表面并不平整，且沿着组成岩石矿物粗细颗粒连接处拉开的；从宏观上看，其断面基本与岩样轴线相垂直。可以认为，在拉伸条件下，GBM模型计算结果与类似岩石的试验结果是较为一致。

图6-12中第二张图示为GBM模型在单轴压缩加载破坏时的裂纹分布。GBM模型破坏主要以相邻晶质体边界上光滑节理模型破坏产生裂纹主要以张拉裂纹为主，同时伴随着少量的剪切裂纹。另外，由于局部晶质体中颗粒体模型强度相对较低，晶质体内部产生了少量的拉伸裂纹。最终，试件轴线方向上光滑节理模型破坏产生的裂纹贯通，导致了试件沿轴向的宏观劈裂破坏。香港大学李炼通过对花岗岩板在单轴压缩应力状态下的细观破坏过程试验进行研究，得到了类似的分析结果。

从图6-12的第三张图开始为GBM模型在围压为5～160 MPa时试件加载破坏时的裂纹分布情况。与单轴压缩加载破坏类似，模型在低围压加载时，GBM模型破坏所产生的裂纹主要以相邻晶质体边界上光滑节理模型破坏产生的张拉裂纹为主，同时，还伴随着少量的剪切裂纹出现。但与单轴压缩相比，细观晶格结构模型在低围压加载破坏时，光滑节理模型破坏产生的剪切裂纹相对增加。另外，晶质体内部颗粒体模型发生拉伸破坏的区域也相对增加。最终，试件轴线方向上光滑节理模型破坏产生的裂纹贯通，导致了试件宏观劈裂破坏主要沿轴向发生。随着围压的增大，晶质体内部颗粒体模型发生拉伸破坏的区域逐渐增多。同时，相邻晶质体边界上光滑节理模型破坏所产生的裂纹中剪切裂纹所占比例也逐步增大。晶质体内部颗粒体模型发生拉伸破坏与相邻晶质体边界上光滑节理模型破坏，共同形成了一条贯通岩石顶部与底部的宏观断裂带（图6-11围压为160 MPa），最终导致岩石在高围压下发生宏观剪切破坏。与室内实验结果较为一致，其宏观断裂面主要贯通岩石顶部与底部，且与加载轴向呈一定夹角。通过上述GBM模型计算与试样破坏模式的对比分析，发现两者较为吻合，表明采用GBM模型可以为研究岩石力学脆性特征从细观角度提供一种有效的方法。

6.5.2 模型声发射特征及破裂事件定位分析

在PFC颗粒流模拟岩石细观破裂过程中，如果将岩样中每次的微破裂事件都看成一次单独的声发射事件，根据岩石的微破裂反演规律来计算岩石的破裂强度时[141]，则所有的声发射事件的破裂强度基本一致，这与室内试验或现场监测得到的结果严重不符，因此，在用PFC程序进行声发射模拟试验时，若模型中黏结坏产生了多条微裂纹，且他们发生的时间和空间较为接近，则这些微裂纹被看成同一个声发射事件。

为了便于用矩张量[142-145]计算黏结破坏时周围颗粒接触力的变化情况，定义微裂纹两端原始接触的颗粒为源颗粒，源颗粒间的黏结发生破坏后，其间的接触发生变形，从而引起接触力发生变化，以微破裂中心为圆心，最大源颗粒直径为作用半径，将源颗粒上所有接触力变化量和对应的力臂相乘求和即可得到矩张量分量，如式(6-29)：

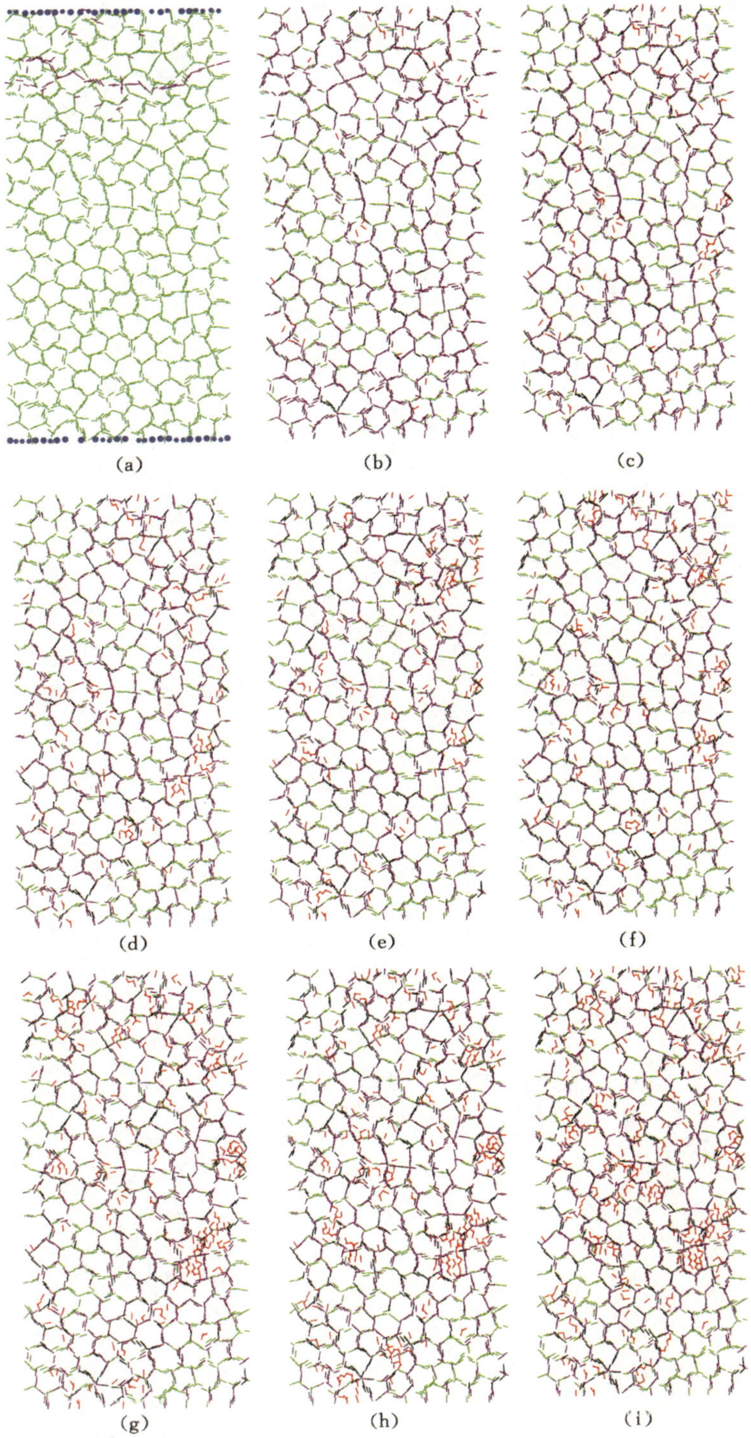

图 6-12　Grain-Based 模型数值试验结果展示

(a) 单轴拉伸；(b) 单轴压缩；(c) 围压 5 MPa；(d) 围压 10 MPa；(e) 围压 15 MPa；
(f) 围压 20 MPa；(g) 围压 25 MPa；(h) 围压 30 MPa；(i) 围压 35 MPa

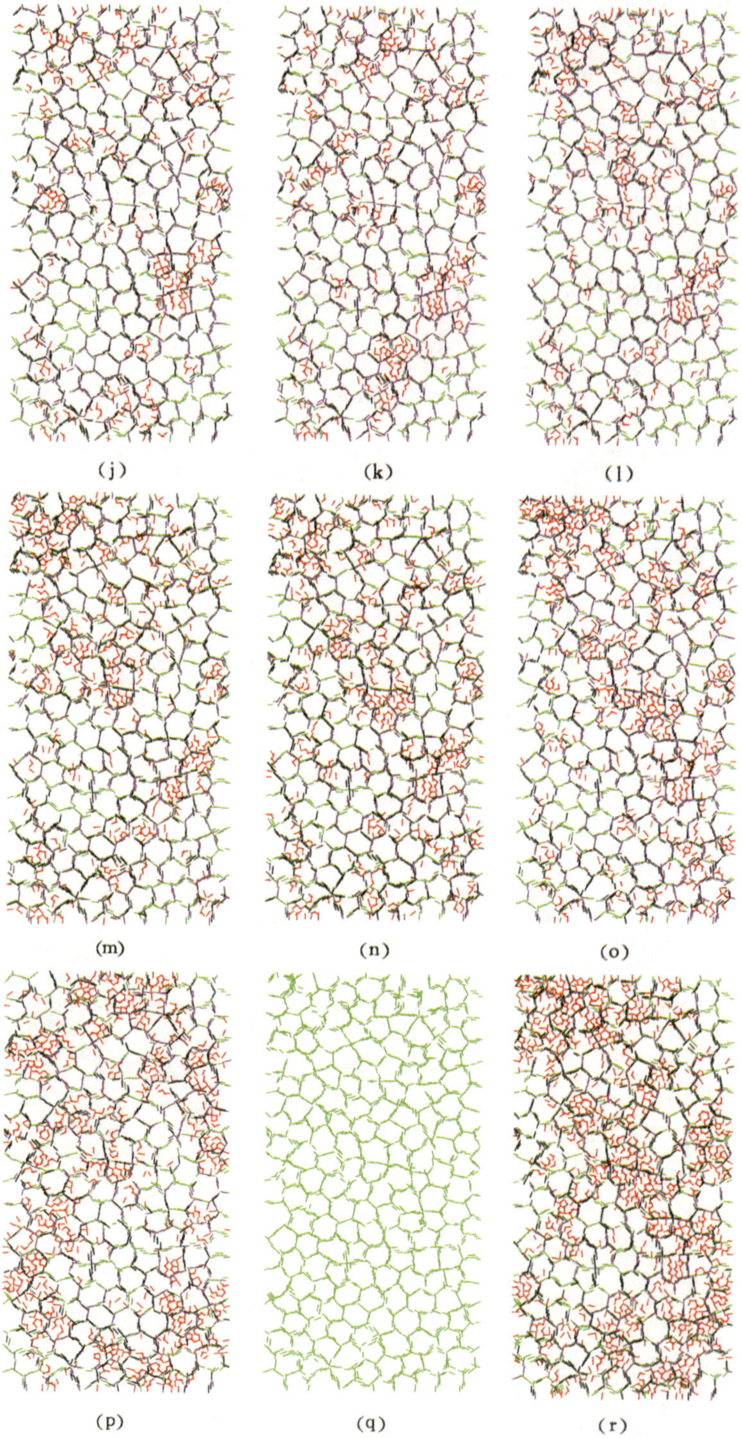

(j) (k) (l) (m) (n) (o) (p) (q) (r)

续图 6-12 Grain-Based 模型数值试验结果展示

(j) 围压 40 MPa;(k) 围压 45 MPa;(l) 围压 50 MPa;(m) 围压 60 MPa;(n) 围压 80 MPa;
(o) 围压 100 MPa;(p) 围压 120 MPa;(q) 围压 140 MPa;(r) 围压 160 MPa

$$M_{ij} = \sum_{S} \Delta F_i R_j \tag{6-29}$$

式中 ΔF_i——接触力变化量的第 i 个分量；

R_j——颗粒间接触点和微裂纹中心距离的第 j 个分量；

如果模型中声发射事件仅有一个，则它的空间位置即为微裂纹的中心，若有多个声发射事件，则声发射事件的空间位置取所有微裂纹的几何中心。通过大量室内岩石力学试验发现：岩石的声发射事件所产生的宏观裂纹大部分是由许多小的微裂纹贯通所构成，因此，可以使用这种方法来模拟一次声发射包含多条微裂纹的现象。

如图 6-13 所示，利用 GBM 模型对裂纹进行声发射定位的模拟结果，分别监测了单轴压缩、围压为 5 MPa、15 MPa、40 MPa、100 MPa 和 140 MPa 状态下声发射定位结果，其中一个红色圆圈代表一个声发射事件，圆圈的大小代表声发射事件的能量，在 5 MPa 围压时伴有少量的声发射事件发生，随着围压逐步增大，声发射活动逐渐频繁，声发射的能量也逐渐增大，表明试件内部裂纹随着围压的增大也在逐步发育，在围压为 140 MPa 时形成了一条贯通底部的宏观破裂带。

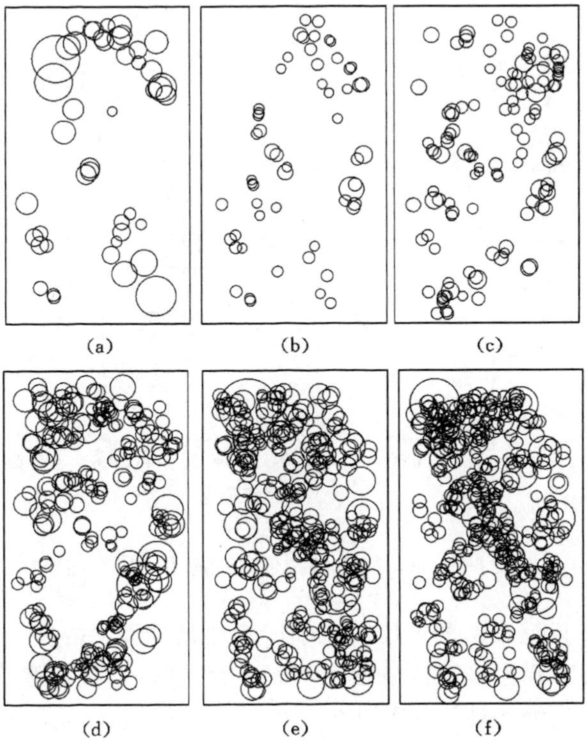

(a)　(b)　(c)

(d)　(e)　(f)

图 6-13 岩石破裂声发射定位结果显示

(a) 单轴压缩；(b) 围压(5 MPa)；(c) 围压(15 MPa)；(d) 围压(40 MPa)；
(e) 围压(100 MPa)；(f) 围压(140 MPa)

通过与第 4 章室内试验结果对比，室内试验与数值计算结果具有如下共同点：① 岩石破裂过程全应力—应变曲线与声发射曲线虽然存在局部偏差，但其总的发展规律基本一致。② 在施加应力较低时，声发射发生次数较少，且在试样内随机分布。③ 试样破坏后，其宏观破裂带是沿模型中部边界至底部形成的。

同时，部分模拟结果与试验结果也有不同的地方，它们有各自的特征：① 声发射事件活动的峰值点不同。试验结果显示，声发射事件最多时主要集中在岩样强度峰值时，并且试样中已经形成了较为明显的宏观破裂带；而模拟结果显示，声发射事件最多时集中在岩样强度峰值与最终残余强度之间，其时间段要晚于试验结果，并且模型的宏观破裂带也在该阶段内形成。造成这种差异的原因可能是由于后期数据处理的问题，或者是试验仪器监测精度所造成的。② 弹性模量不同。试验中，试件强度峰值之前的弹性模量是不断增大的。而在模拟中，试件强度峰值之前的弹性模量则几乎不变。这是因为在数值模拟中，很难构建与试验试件在细观程度上具有相同的颗粒构造和相同的物理性质的模型。

6.5.3　加载过程中岩石强度特征分析

图 6-14 为 GBM 模型在单轴拉伸加载过程中的应力—应变曲线。从图中可以发现，当模型拉伸应变量达到 0.016 5 时，GBM 模型达到峰值抗拉强度，约为 7.25 MPa。峰值抗拉强度过后，应变随应力的增加迅速降低，GBM 模型表现出较强的脆性拉伸破坏特征。

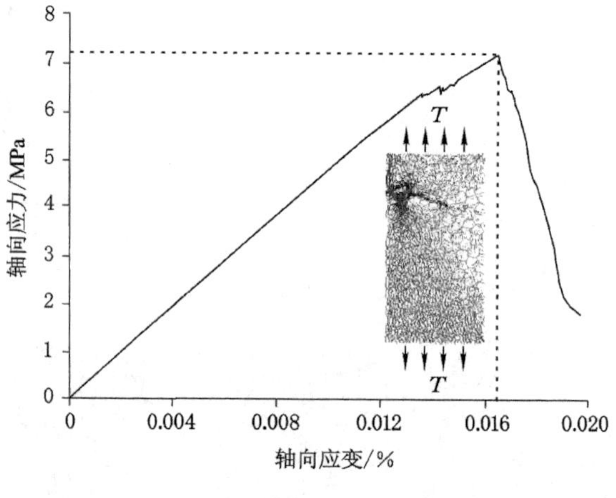

图 6-14　GBM 单轴拉伸试验应力—应变曲线

图 6-15 为 GBM 模型在不同围压的三轴压缩加载过程中的应力应变曲线。如图所示，随着围压的增加，GBM 模型峰值抗压强度不断增大，和峰值抗压强度相对应的应变值也不断增大。低围压三轴压缩条件下，GBM 模型的应力—应变曲线达到峰值强度后，呈现应变软化现象，而破坏呈现较强的脆性特征；随着围压的不断增大，应力—应变曲线达到峰值强度后，其应变软化现象逐渐向应变硬化转变，表明破坏特征由脆性破坏逐渐转变为延性破坏。

从表 6-3 中数值模拟的结果来看，不同围压下其抗压强度与抗拉强度的比值最小为 19.49，最大为 24.1，与喻勇的室内岩石力学试验结果相近。

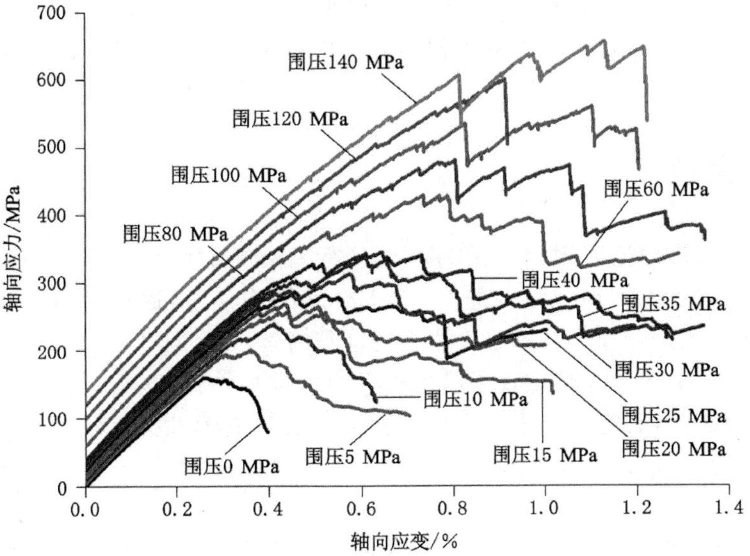

图 6-15　GBM 模型压缩试验应力—应变曲线

表 6-3　　**岩样宏观参数模拟结果**

颗粒总数	弹性模量/GPa	泊松比	侧限应力/MPa	峰值应力/MPa	抗拉强度/MPa	凝聚力/MPa	内摩擦角/(°)
8 800	58.5	0.23	0	152.2	7.6	20	49.5
		0.23	5	158.2			
		0.27	10	165.8			
		0.27	15	168.6			
		0.29	20	170.1			
		0.28	25	172.0			
		0.28	30	173.2			
		0.29	35	175.6			
		0.28	40	176.1			
		0.28	45	175.5			
		0.27	50	178.2			
		0.28	60	178.9			
		0.29	80	180.1			
		0.27	100	183.2			
		0.28	120	184.6			
		0.28	140	185.3			
		0.29	160	187.4			

与宏观试验相比较，脆性岩石的非线性关系可以认为是内部微裂纹变化速度的宏观体现。弹性阶段是微裂纹缓慢增长的过程，塑性阶段是微裂纹发展的加速阶段，峰值强度点是

微裂纹增速的突变点。数值模拟试验能够真实地反映脆性岩石变形破坏的全过程，尤其是岩石变形破坏的局部化过程，根据数值模拟的结果可以看出，数值模拟可以再现脆性岩石变形破坏的全过程。

6.6 本章小结

本章基于颗粒流理论采用 PFC 程序中的平行黏结模型和光滑节理模型，通过两种模型相结合构建具有岩石矿物细观结构的 Grain-Based 结构模型，通过室内实验与模型试验结果对比分析，从细观角度深入揭示脆性岩石的破裂特征。

① 利用 Grain-Based 模型重现了脆性岩石的力学特性试验如抗拉、单轴压缩及不同围压下的三轴压缩试验，研究了在不同类型试验下的破坏机理及强度特征。通过数值模拟试验与室内试验的结果对比分析，验证了 Grain-Based 模型在脆性力学特征研究中的适用性和可靠性。

② 研究表明了基于 Grain-Based 的颗粒流模型能模拟抗压强度与抗拉强度比大于 10 的脆性材料破裂，能真实地反映脆性岩石变形破坏的全过程。在单轴拉伸条件下，岩石近似与加载轴向相垂直的宏观断裂面，主要由相邻晶质体边界上的黏结张拉破坏构成；在单轴压缩或低围压三轴压缩条件下，岩石近似与加载轴向相平行的宏观断裂面，主要以相邻晶质体边界上黏结张拉破坏为主，导致岩石产生宏观劈裂破坏；在高围压三轴压缩条件下，与加载轴向呈一定夹角贯通岩石内部的宏观断裂面，主要晶质体内张拉破坏以及相邻晶质体边界上黏结张拉、剪切破坏构成，导致岩石产生宏观剪切破坏。

③ 利用 Grain-Based 模型对裂纹进行声发射定位的模拟结果，分别监测了单轴压缩、围压为 5 MPa、15 MPa、40 MPa、100 MPa 和 140 MPa 状态下声发射定位结果，通过与室内试验结果对比，计算结果具有如下共同点：第一，岩石破裂过程全应力—应变曲线与声发射曲线虽然存在局部偏差，但其总的发展规律基本一致。第二，在施加应力较低时，声发射发生次数较少，且在试样内随机分布。第三，试样破坏后，其宏观破裂带是沿模型中部边界至底部形成的。

④ 岩体的力学特征以及围岩所处的应力水平对岩爆发生的影响是相互联系相互影响的，其中岩石的脆性特征与围岩破坏的程度密切相关，在岩爆发生的整个动力学过程中，最根本的现象就是岩体的脆性断裂和围岩结构的失稳破坏，从这一方面说明，岩石的脆性破裂是岩爆发生的重要先决条件之一。

7 卸载岩爆数值试验及隧道围岩变形破坏耦合分析

7.1 卸载岩爆数值试验

对研究区域的白云岩岩样进行岩爆试验，岩样的取样深度为 214 m，质地坚硬，颜色为浅灰色，矿物的主要成分为白色粉晶及灰色方解石，未变晶，肉眼可见大量孔洞，裂隙内充填有乳白色矿物质，其强度较低。

表 7-1　　试件单轴压缩几何与力学参数

尺寸 /mm	密度 /(g/cm^3)	单轴抗压强度 σ_c/MPa	弹性模量 E/GPa	泊松比
151.41×61.63×30.49	2.81	150.51	110.94	0.28

卸载岩爆试验采用中国矿业大学采用三向循环加载的方式，即当加载达到指定荷载等级时，保持三向应力荷载等级不变，然后保持其他方向应力荷载不变的情况下单面瞬时卸载，模拟的岩爆状态为：在地下三向应力状态下，有积聚能量的岩体在隧道开挖后，应力卸载产生临空面从而发生岩爆的过程。卸载岩爆室内试验中试件的加载方式和应力路径如图 7-1 所示，试验过程中载荷等级见表 7-2。

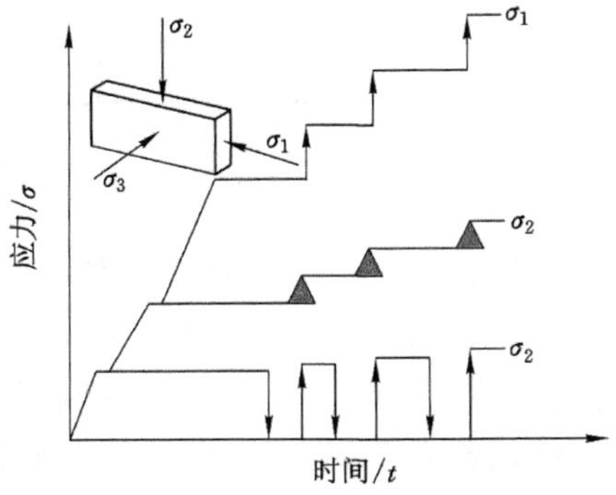

图 7-1　卸载岩爆试验加卸载方式及应力路径

表 7-2　卸载岩爆试验过程载荷等级

载荷等级	σ_1/MPa	σ_2/MPa	σ_3/MPa	备注
1	10	10	10	
2	20	20	—	
3	30	—	—	
4	40	—	—	
5	50	—	—	
6	60	—	—	
7	70	—	—	
8	80	—	—	
9	90	22	11	保持 30 min 后卸载 σ_3
	90	22	0	保持 30 min
10	100	24	12	保持 30 min 后卸载 σ_3
	100	24	0	保持 30 min
11	110	26	13	保持 30 min 后卸载 σ_3
	110	26	0	保持 30 min
12	120	28	14	保持 30 min 后卸载 σ_3
	120	28	0	保持 30 min
13	130	30	15	保持 30 min 后卸载 σ_3
	130	30	0	保持 30 min
14	140	32	16	保持 30 min 后卸载 σ_3
	140	32	0	保持 30 min
15	150	34	17	保持 30 min 后卸载 σ_3
	150	34	0	保持 30 min
16	160	36	18	保持 30 min 后卸载 σ_3
	160	36	0	保持 30 min
17	170	38	19	保持 30 min 后卸载 σ_3
	170	38	0	

7.1.1　数值模型的构建

卸载岩爆试验数值模型尺寸与室内试验试样尺寸保持一致，模型颗粒间接触模型采用平行黏结模型。试样给定颗粒半径在限定区域内随机生成。为提高模型中颗粒的生成速度和计算效率，在生成颗粒时先生成小直径的颗粒，之后再把半径复原，最后通过循环来消除试样内部非均匀应力。模型颗粒总数为 5 515 个，颗粒最大半径 R_{max} 为 1.5 mm，颗粒粒径比 R_{max}/R_{min} 为 1.66，颗粒间和墙体的摩擦系数分别为 1.0 和 0.36。颗粒间法向黏结强度和切向黏结强度的标准偏差为平均值的 15%，其他细观力学参数均为默认值。墙体位移控制应变率为 0.002 5 s^{-1}。生成的模型初始状态如图 7-2 所示。

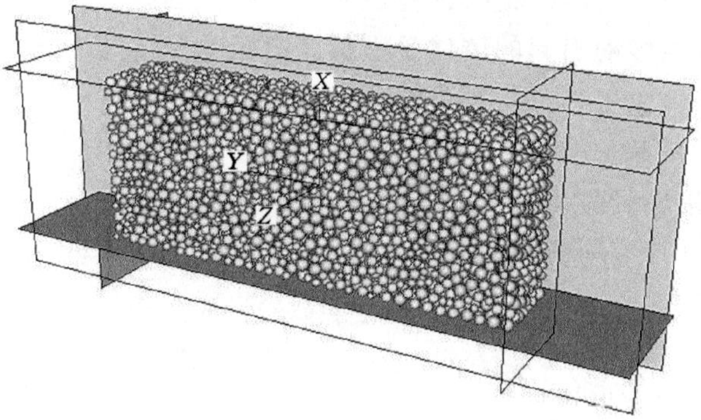

图 7-2 卸载岩爆试验数值计算模型

7.1.2 模型细观参数的选取

PFC 颗粒流程序采用细观力学参数表征颗粒及黏结的力学性质。数值模型在进行计算之前，必须先赋予模型假定的细观力学参数，然后进行数值试验，并将计算得到的试样宏观力学参数与室内试验结果相比较，通过不断调整模型细观力学参数，当数值计算结果与试验结果基本一致时，便可将该组细观力学参数应用到实际计算模型中。

通过反复调试，当采用表 7-3 中的细观力学参数时，数值计算得到的宏观力学参数与表 7-1的室内试验结果基本吻合，因此，采用此组细观力学参数进行岩爆数值试验，可准确描述研究试样的力学特征。

表 7-3 模型细观力学参数取值及宏观力学参数

计算时采用的细观力学参数							计算得出的宏观力学参数		
颗粒弹性模量 E_c/GPa	平行黏结弹性模量 $\bar{E}_c$/GPa	颗粒法向与切向刚度比 k_n/k_s	平行黏结法向与切向刚度比 $\bar{k}_n/\bar{k}_s$	平行黏结法向黏结强度 $\bar{\sigma}_c$/GPa	平行黏结切向黏结强度 $\bar{\tau}_c$/GPa	黏结半径系数 $\bar{\lambda}$	弹性模量 E/GPa	单轴抗压强度 σ_{ucs}	泊松比 ν
120.0	120.0	2.75	2.75	150	150	1.0	108.83	146.74	0.24

7.1.3 数值试验结果分析

试验的围压和加载过程采用基于伺服机制原理的墙体位移实现。通过 PFC 内置 Fish 语言编制加卸载程序，控制墙体的相对运动进行荷载施加与释放。由于 PFC 中墙体只能施加速率，因此，需基于伺服机制原理，通过不断调整墙体速率以控制墙体受力大小。采用 Fish 语言自编译伺服函数，并在试验过程每一计算时步调用伺服函数，便可实现向墙体施加恒定法向荷载的目的。其伺服机制实现过程如下。

首先，设定墙体上指定法向恒定应力为 σ^{required}。然后，获取墙体上不平衡力大小总和并除以岩石试样宽度，便可得到墙体上实测应力大小 σ^{measured}。则后续计算时步调用伺服函数时，墙体的实际垂直加载速率应为：

$$\dot{u}_{\text{v}}^{(\text{w})}=G(\sigma^{\text{measured}}-\sigma^{\text{required}})=G\Delta\sigma \tag{7-1}$$

其中，G 为伺服控制参量，其获取过程如下。

每一计算时步墙体移动引起的墙体受力最大增量为：

$$\Delta F^{(w)}=k_n^{(w)}N_c\dot{u}_v^{(w)}\Delta t \tag{7-2}$$

式中 N_c——墙体上的接触数；

$k_n^{(w)}$——这些接触的平均刚度。

因此，墙上应力改变量均值为：

$$\Delta\sigma^{(w)}=\frac{k_n^{(w)}N_c\dot{u}_v^{(w)}\Delta t}{A} \tag{7-3}$$

式中 A——墙体面积，即墙体面积。

为使模型在计算过程中保持稳定，$\Delta\sigma^{(w)}$ 绝对值须小于 $\Delta\sigma$ 绝对值。因此，引入松弛因子 α（取值范围为 0～1，一般取 0.5），则有：

$$|\Delta\sigma^{(w)}|<\alpha|\Delta\sigma| \tag{7-4}$$

将式(7-1)、式(7-2)带入式(7-3)中，有：

$$\frac{k_n^{(w)}N_cG|\Delta\sigma|\Delta t}{A}<\alpha|\Delta\sigma| \tag{7-5}$$

因此，可得伺服控制参量 G 为：

$$G=\frac{\alpha A}{k_n^{(w)}N_c\Delta t} \tag{7-6}$$

将 G 代入式(7-1)，便可得到保持恒定法向荷载的 6# 墙体在每一计算时步实际垂直加载速率值。

图 7-3 为卸载岩爆试验模拟计算结果，图中黑色代表张拉型裂纹，灰色代表剪切型裂纹。

数值计算过程与室内试验过程基本一致，数值试验的载荷等级如表 7-2 所示，在载荷等级处于 13 级之前，卸载 σ_3 后试件卸载面此时没有发生颗粒弹射现象。此力学状态表明试件卸载后并未发生岩爆，此阶段属于卸载岩爆试验进程的平静期。

当载荷等级达到 14 级时，如图 7-3(a)所示，此时卸载 σ_3 后试件开始有少量颗粒从试件卸载面弹射出来，弹射出的颗粒数量约占试件总数的 0.091%，弹射部位主要集中在试件中部；同时，试件内部少量颗粒间平行黏结接触产生以张拉型破裂为主的破坏，其中张拉型破裂数量占黏结总数的 0.439%，剪切型破裂数量占黏结总数的 0.040%。此阶段属于卸载岩爆试验进程的局部颗粒弹射期。

当载荷等级达到 15 级时，如图 7-3(b)所示，卸载 σ_3 后从试件卸载面弹射出的颗粒数量依然较少，弹出颗粒数量约占总数量的 0.109%，但试件内部平行黏结产生破坏的数量有少量增加，仍以张拉型破裂为主，其中张拉型破裂数量占黏结总数的 0.719%，剪切型破裂数量占 0.064%。此阶段仍属卸载岩爆试验进程的局部颗粒弹射期。

当载荷等级达到 16 级时，如图 7-3(c)所示，卸载 σ_3 后试件卸载面的中部和两端部弹射出的颗粒数量开始逐渐增多，弹出颗粒约占总数量的 0.236%；同时，试件内部平行黏结产生破坏的数量开始明显增加，且以张拉型破裂为主分布区域为试件两端，剪切型破裂少量分布在试件内部，它们分别占黏结总数的 2.165%和 0.352%。此阶段属于卸载岩爆试验进程的发展期。

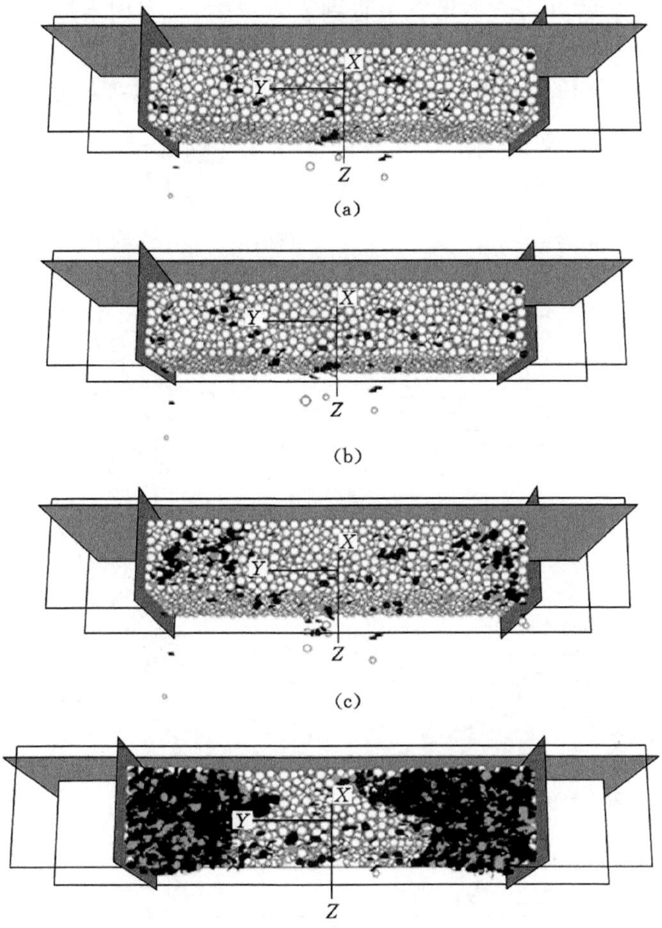

(a) (b) (c) (d)

图 7-3 卸载岩爆试验数值模拟结果

(a) 载荷等级 14;(b) 载荷等级 15;(c) 载荷等级 16;(d) 载荷等级 17

当载荷等级到达 17 级时，如图 7-3(d)所示，卸载 σ_3 后，由于受 σ_1 的控制，试件内部的张拉型破裂和剪切型破裂的数量在模型两端急剧增加，最终导致试件两端完全被压碎，内部还是以张拉型破裂为主，占黏结总数量的 47.66%，剪切型破裂的数量占 9.72%。此时试件强度急剧降低，本身失去承载能力，在宏观上表现出瞬时岩爆特征。此阶段属于卸载岩爆试验进程的爆发期。

图 7-4 描述了数值模型在各载荷等级下内部平行黏结破裂数量的发展过程及其与应力环境的对应关系。载荷等级为 9 时模型内部的张拉型破裂开始产生，在载荷等级为 12 时剪切型破裂开始产生；在模型试件破裂初期，张拉型破裂和剪切型破裂都发展缓慢；在载荷等级达到 16 时，张拉型破裂和剪切型破裂的数量开始急剧增加，此时模型试件接近发生岩爆破坏；在载荷等级达到 17 时，模型试件发生瞬时岩爆，此时张拉型破裂的数量远大于剪切型破裂数量，表明模型试件瞬时岩爆发生时的颗粒黏结破裂属于张拉型破坏。

当载荷等级达到 17 时，模型试件岩爆发生过程中其内部应力—计算时步关系曲线如图 7-5 所示。在卸载 σ_3 初期，模型试件内部初始应力为 170 MPa 左右，在持续一段时间后降至 140 MPa 左右，之后再逐渐平稳发展直到岩爆发生，与室内岩爆试验结果相比较，在卸载岩爆数值模拟试验中，模型试件岩爆发生时的载荷等级、破坏形式、试件应力—计算时步曲线等均与室内试验较为吻合，能够真实反映卸载岩爆的破坏进程及细观破裂机制。

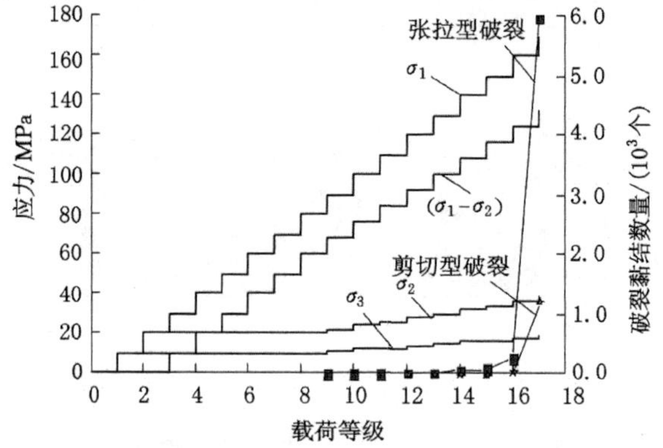

图 7-4　颗粒黏结破裂数量变化过程

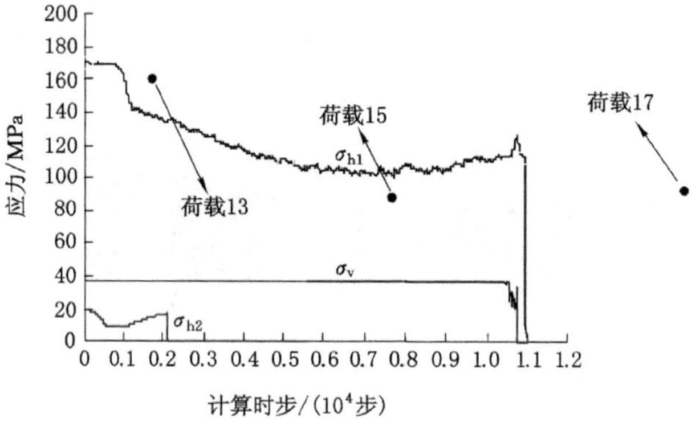

图 7-5　卸载岩爆模拟应力—时步曲线

7.2　隧道围岩变形破坏的连续—离散耦合分析

由于隧道的变形破坏常取决于岩石微细观特性，因此，深入开展隧道围岩破裂孕育演化机制及规律的宏—细观研究，是保证井下隧道工程合理设计与安全施工的主要依据，具有重要的科学研究意义及工程应用价值。

圆形隧道是一种典型的工程隧道断面结构形式。针对圆形隧道围岩变形破坏问题，国内外学者采用理论、试验、数值计算等方法，已开展了许多有意义的研究工作。

在理论研究方面，圆形隧道围岩变形破坏的轴对称弹塑性分析作为一个经典力学问题，已被广泛开展研究。例如，S. K. Sharan[146]采用 Hoek-Brown 准则，开展了静水压力条件下圆形隧道围岩弹—脆—塑应变分析；蒋斌松[147]将隧道围岩分成弹性区、塑性区和破裂区，采用 Mohr-Coulomb 准则，进行非关联弹塑性分析，获得了应力应变封闭解析解。然而，具有封闭解的解析计算由于假设条件较多、理论体系复杂，且无法深入揭示围岩破裂的形成过程及机制,因此,只适用于工程地质条件简单的圆形隧道分析计算。

采用试验研究手段可较为准确、直观地获得圆形隧道围岩变形破坏特征及规律。例如,R. T. Ewy[148]采用相似模拟试验研究了圆形隧道围岩V形坑破坏形成过程,认为围岩表面加载初期首先出现浅层劈裂破坏,而后出现明显的近似对称V形或三角形破裂区;房倩[149]采用黏性、砂性两种典型地质材料作为相似模拟试验材料,系统研究了连续介质条件下圆形隧道围岩的破坏模式和规律。然而,由于试验常具有费用高、周期长、操作复杂等特点,此外,大尺度相似模拟试验几乎是无法实现的,因此在实际工程中也不可能广泛采用此方法。

近年来,随着计算机技术及性能的不断发展,采用数值分析方法开展圆形隧道围岩变形破坏研究已成为一种有效的分析手段。王学滨[150]采用FLAC程序模拟了不同黏聚力条件下圆形隧道的局部化过程;冯海英[151]采用FLAC程序分析了圆形隧道围岩应力应变、塑性区随埋深的变化规律及特点。采用上述连续元数值计算方法虽能得到围岩变形破坏过程中弹塑性分布特征及规律,但其不足之处是无法反映围岩破裂孕育机制及过程。颗粒流法及PFC程序作为一种新兴的数值分析方法,是由P. A. Cundall[152]在离散元理论基础上提出的。该方法采用圆形颗粒作为计算单元,模拟介质运动及其相互作用,通过求解平面内的平动和转动方程来确定每一时刻颗粒的位置和速度,自动反映介质的连续非线性应力—应变关系、屈服强度和峰后应变软化或硬化等特性,同时能直观再现破裂的形成与扩展过程,因此,非常适用于从细观力学角度研究岩石工程问题。目前,部分学者已采用该方法开展了圆形隧道围岩变形破坏机制研究。J. F. Hazzard[153]根据矩张量理论建立了细观尺度上岩石微震事件颗粒流模拟方法,模拟并解译了圆形隧道围岩微震事件及产生机制;廖九波[154]采用颗粒流法对马路坪矿软岩隧道开挖后围岩变形破坏规律进行数值模拟,探讨了围岩各个关键部位的位移分布特征。然而,采用颗粒流法直接构建计算模型,随着模型尺寸的增大,颗粒数量不断增多,而计算效率却严重降低。因此,这一不足已成为制约颗粒流法在工程分析时广泛应用的瓶颈。而基于有限差分理论及颗粒流理论,以FLAC及PFC程序为实现平台,其中,有限差分网格作连续元计算,其表征的岩体在隧道开挖后作弹性变形,而颗粒体模型作离散元计算,其表征的岩体在隧道开挖后作弹塑性变形,并可产生破裂现象。通过将颗粒体模型嵌入有限差分网格内部空域,采用Fish语言编译连续元与离散元计算数据传输交换函数,建立二维平面应变圆形隧道连续—离散耦合分析模型,从宏—细观角度深入开展不同围压条件下圆形隧道围岩变形破坏机理研究。

7.2.1 连续—离散耦合分析方法

本节建立的二维连续—离散耦合分析方法以有限差分理论[155]和颗粒流理论[156]为基础,以FLAC及PFC程序为实现平台,通过将颗粒体模型嵌入有限差分网格内部空域,建立连续元与离散元计算数据传输交换函数,最终实现工程问题的连续—离散耦合分析,如图7-6所示。其中,FLAC与PFC程序分别作连续元与离散元计算。

连续元与离散元计算数据之间的传输交换,是基于类似网络TCP/IP传输的套接字连接(Socket Connection)协议原理,采用Fish语言编程实现,其可保持两套程序计算数据传输过程中二进制fish阵列数据的精度。程序计算工作及其数据传输交换,可在一台计算机上进行,或是在相同网络下的不同计算机上进行。

连续—离散耦合计算时,两套程序计算同步进行。颗粒体模型边界颗粒与有限差分网

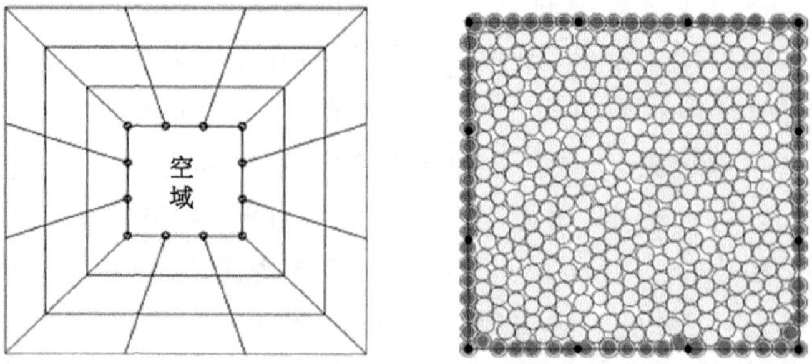

(a)　　(b)

图 7-6　二维连续—离散耦合计算示意图

(a) 有限差分网格；(b) 颗粒体模型

格内部空域边界重合，空域边界网格节点的平移速率传输给边界颗粒，边界颗粒的反作用力传输给空域边界网格节点。每系统时步，边界颗粒在运动计算前接收速率数据，在力—位移计算后发送力数据，而空域边界网格节点在运动计算后发送速率数据和接收力数据。

将支持计算数据传输交换的数据结构定义为节段序列。每条节段对应于空域边界上单个有限差分网格边界。节段序列构建时遵循右手法则，即空域边界上的有限差分网格在节段起止点方向右侧。计算初始化时，连续元将节段的序号及节点坐标传送给离散元；然后，在离散元中，搜寻与节段相交的颗粒并将其定义为控制颗粒，其中，每个控制颗粒只与一条节段关联。映射控制颗粒反作用力至节段节点上的过程采用插值法，相关原理在 7.2.2 节详述；然后，节段节点上的力将被直接应用于对应的空域边界有限差分网格节点。而空域边界有限差分网格节点上的速率，通过对应的节段节点，将被传送给控制颗粒；将速率映射至控制颗粒的过程同样采用插值法，相关原理在 7.2.3 节详述。在耦合计算初始化时，通过将控制颗粒接触处的力清零，以保证控制颗粒间不存在力的相互作用及后续控制颗粒反作用力计算的准确性。如果耦合边界变形量与空域边界上有限差分网格尺寸相比变形过大，则连续元计算将在大变形模式下进行，而节段序列坐标信息在计算时将不断更新。一般情况下，设置连续元计算在小变形模式下进行，节段序列坐标信息在整个计算过程中保持不变。

7.2.2　映射控制颗粒反作用力至节段节点原理

映射控制颗粒反作用力至节段节点原理如图 7-7 所示，其中，节段由节点 0 和节点 1 构建，长为 l，颗粒反作用力 $\boldsymbol{P}$ 作用于颗粒圆心 X_{p}。作用于节段节点上的力 $\boldsymbol{F}_0$ 和 $\boldsymbol{F}_1$，以切向及法向分量向量表示为：

$$\boldsymbol{F}_0 = m_0\boldsymbol{t} + m_1\boldsymbol{n} \tag{7-7}$$

$$\boldsymbol{F}_1 = m_2\boldsymbol{t} + m_3\boldsymbol{n} \tag{7-8}$$

其中，$\boldsymbol{t}$、$\boldsymbol{n}$ 为节点坐标系单位向量，m_0、m_1、m_2 和 m_3 分别由下式得到。根据颗粒圆心 X_{P} 坐标信息，分配剪切分量至每个节点，通过式(7-9)获得 m_0：

$$m_0 = \left(\frac{|r_1|}{|r| + |r_1|}\right)(\boldsymbol{P}\cdot\boldsymbol{t}) \tag{7-9}$$

作用于节段节点上的力可产生与颗粒反作用力相同的力矩，即：

$$\begin{cases} \boldsymbol{r}\times\boldsymbol{P} = \boldsymbol{lt}\times\boldsymbol{F}_1 = \boldsymbol{lt}\times(m_2\boldsymbol{t} + m_3\boldsymbol{n} \\ \boldsymbol{r}\times\boldsymbol{P} = \boldsymbol{l}m_2(\boldsymbol{t}\times\boldsymbol{t}) + \boldsymbol{l}m_3(\boldsymbol{t}\times\boldsymbol{n}) \\ (r_{\mathrm{x}}P_{\mathrm{y}} - r_{\mathrm{x}}P_{\mathrm{x}})\boldsymbol{k} = lm_3\boldsymbol{k} \end{cases} \tag{7-10}$$

因此，可得：

$$m_3 = \frac{r_x P_y - r_y P_x}{l} \tag{7-11}$$

由于作用于节段节点上合力与颗粒反作用力相同，即：

$$P = F_0 + F_1 \tag{7-12}$$

由式(7-12)可得：

$$\begin{cases} P_x = (m_0 + m_2)t_x - (m_1 + m_3)t_y \\ P_y = (m_0 + m_2)t_y + (m_1 + m_3)t_x \end{cases} \tag{7-13}$$

其中，当以单位正切向量表示时，$\boldsymbol{n} = (-t_y, t_x)$。因此，通过式(7-13)变换可得 m_1 和 m_2 的表达式：

$$m_1 = (P_y - m_3 t_x - m_0 t_y)t_x + (-P_x - m_3 t_y + m_0 t_x)t_y \tag{7-14}$$

$$m_2 = \begin{cases} \dfrac{P_x + (m_1 + m_3)t_y - m_0 t_x}{t_x}, & |t_y| < 0.1 \\ \dfrac{P_y - (m_1 + m_3)t_x - m_0 t_y}{t_y}, & \text{其他} \end{cases} \tag{7-15}$$

当上述映射原理应用于每个控制颗粒时，可确保作用于空域边界有限差分网格上节段的作用力，与作用于边界颗粒上的反作用力相等，从而实现连续—离散耦合计算力学相互作用的等价。

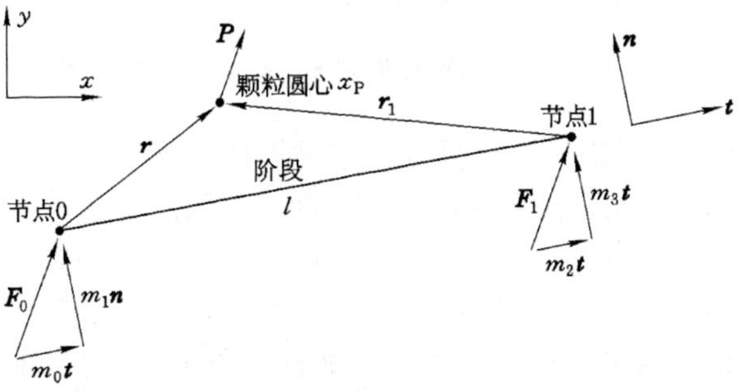

图 7-7　映射控制颗粒反作用力至节段节点

7.2.3　映射节段速率至控制颗粒原理

映射节段速率至控制颗粒原理为：赋予每条节段节点速率值，假定速率场在节段上线性分布；将控制颗粒位置投影至节段定义的线条上，然后通过插值获取该点速率。节段空间位置通过节段节点坐标 x_0、x_1 控制，节段长度为 l，控制颗粒位置为 x_P。假定节段节点速率分别为 v_0、v_1，则控制颗粒速率可表示为：

$$v(\xi) = v_0 + \xi(v_1 \quad v_0) \tag{7-16}$$

其中，ξ 为局部坐标，由式(7-17)决定：

$$\xi = \frac{r \cdot t}{1} = \frac{(x_P - x_0)}{1} \cdot \frac{(x_1 - x_0)}{1} \tag{7-17}$$

7.2.4　连续—离散耦合计算方案设计

采用上述连续—离散耦合分析方法，建立二维平面应变圆形隧道连续—离散耦合分析模型，同时从宏—细观角度深入开展不同围压条件下圆形隧道围岩变形破坏机理研究。

圆形隧道连续—离散耦合分析模型如图 7-8 所示，坐标原点位于隧道圆心，有限差分网格尺寸长（x 方向）及高（y 方向）均为 40 m。经过试算，设定有限差分网格内部空域尺寸长及高均为 8 m。空域边界有限差分网格在 x、y 方向上个数均为 20，即节段条数均为 20。有限差分网格在径向上个数为 30，径向尺寸辐射比例为 1.15。有限差分网格外部左右边界固定 x 向位移，上下边界固定 y 向位移。而内嵌颗粒体模型尺寸与空域尺寸匹配，长及高均为 8 m，模型内部开挖圆形隧道半径为 1 m。

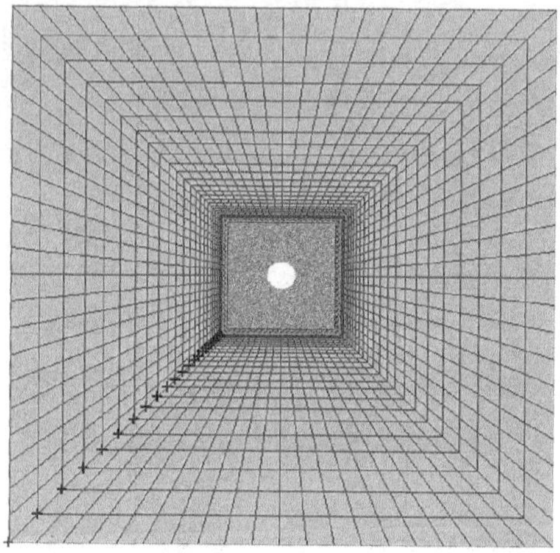

图 7-8　圆形隧道连续—离散耦合分析模型

在耦合模型有限差分网格外部边界施加水平围压 p_h 及垂直围压 p_v，模拟实际存在的围压条件，共设定 3 类，即低围压条件、起裂围压条件、高围压条件。

低围压条件中，水平围压 p_h 及垂直围压 p_v 均设定为 5 MPa。

起裂围压条件中，水平围压 p_h 及垂直围压 p_v 均设定为 10 MPa。

高围压条件中，围压类型又分为三类：① 垂直围压 p_v 不变（p_v=10 MPa），水平围压 p_h 分别为 12.5 MPa、15.0 MPa、17.5 MPa、20 MPa，即侧压系数 K 分别为 1.25、1.50、1.75、2.00；② 水平围压 p_h 不变（p_h=10 MPa），垂直围压 p_v 分别为 12.5 MPa、15.0 MPa、17.5 MPa、20 MPa，即侧压系数 K 分别为 0.80、0.67、0.57、0.50；③ 水平围压 p_h 及垂直围压 p_v 均设定为 20 MPa。

计算过程中，有限差分网格作连续元计算，其表征的岩体在隧道开挖后只作弹性变形，因此，选取线弹性本构模型，计算参数见表 7-4。而颗粒体模型作离散元计算，其表征的岩体在隧道开挖后可作弹塑性变形，并可产生破裂现象，其颗粒间黏结模型选用平行黏结模型，计算参数见表 7-5。在单轴压缩条件下，采用表 7-5 所示离散元计算参数，计算获取颗粒体模型数值试样的应力—应变曲线如图 7-9 所示，其计算获取的颗粒体模型弹性模量、泊松比等宏观力学参数分别约为 76.0 GPa 和 0.25，表明颗粒体模型所具有的变形特性与有限差分网格连续元计算参数近似匹配。

此外，采用表 7-4 及表 7-5 参数计算所得的后续结果显示，在高围压条件下，破裂只在空域范围内孕育扩展，隧道开挖后围岩经应力调整能达到稳定状态，说明采用上述构建的耦合模型开展连续元与离散元分区计算，基本是合理可行的。

表 7-4　　连续元计算参数

密度 ρ/(kg/m^3)	弹性模量 E/GPa	泊松比 ν
2 730	78.1	0.24

表 7-5　　离散元计算参数

最小颗粒半径 R_{min}/cm	最大与最小颗粒半径比	颗粒体密度 ρ/(kg/m^3)	粒间摩擦系数 μ	颗粒弹性模量 E_c/GPa	颗粒法向与切向刚度比 k_n/k_s
3.5	1.66	2 730	0.50	67.0	2.5

平行黏结半径系数 ζ	平行黏结弹性模量 $\bar{E}_c$/GPa	平行黏结法向与切向刚度比 7$\bar{k}_n/\bar{k}_s$	平行黏结法向强度		平行黏结切向强度	
			平均值 $\sigma_{n\text{-}mean}$/MPa	标准差 $\sigma_{n\text{-}dev}$/MPa	平均值 $\tau_{s\text{-}mean}$/MPa	标准差 $\tau_{s\text{-}dev}$/MPa
1.0	67.0	2.5	10.0	1.0	10.0	1.0

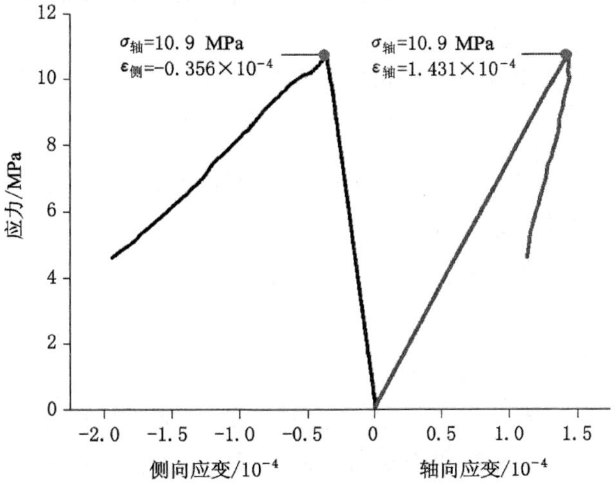

图 7-9　数值试样单轴加载应力—应变曲线

7.2.5　计算结果分析

采用上述构建的圆形隧道连续—离散耦合分析模型，同时从宏—细观角度研究低围压、起裂围压、高围压等不同围压条件下，圆形隧道开挖后围岩变形破坏、破裂孕育演化、应力分布的变化规律及机理。

(1) 低围压条件

在水平围压 p_h 及垂直围压 p_v 均为 5 MPa 的低围压条件下，耦合模型圆形隧道开挖并计算 10 000 时步后，得到的颗粒体模型破裂、位移矢量及黏结力链分布如图 7-10 所示。此时，隧道围岩变形已达到稳定状态。

图 7-10(a)隧道围岩破裂及位移矢量分布表明，圆形隧道开挖在低围压条件下，水平及垂直围压不足以引起围岩产生破裂，围岩只产生弹性变形。由于水平围压及垂直围压相等，

在距圆形隧道中心相同径向距离时，隧道开挖引起的周边围岩变形量近似相等，且均指向圆形。此外，围岩最大变形量发生在隧道周边位置，最大变形量为 8.45×10^{-5} m，随着距隧道中心径向距离的增大，围岩变形量呈逐渐减小的趋势。

图 7-10(b)为圆形隧道开挖后，围岩黏结力链分布，其中，在黏结力链分布图中，黑色线条代表压力，白圈周边灰色线条代表拉力。可以发现，圆形隧道开挖后，隧道周边围岩颗粒间黏结产生了应力集中现象，尤其是黏结拉力主要在隧道周边围岩径向约 1 m 范围内分布。平行黏结中最大黏结力为压力，约为 3.829×10^5 N。

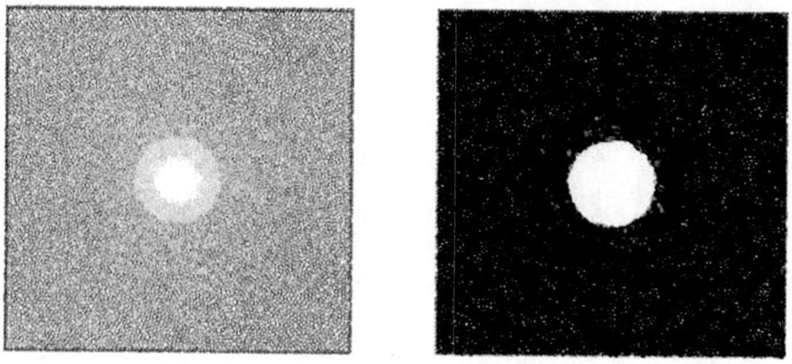

(a) (b)

图 7-10 破裂、位移矢量及黏结力链分布($p_h=5$ MPa，$p_v=5$ MPa)

(a) 破裂与位移矢量；(b) 黏结力链

B. H. G. Brady[157]推导了在无限各向同性弹性介质中进行圆形隧道开挖，引起的围岩径向位移 $u_r(r,\theta)$ 与切向位移 $u_\theta(r,\theta)$ 的 Kirsch 解公式，即：

$$u_r(r,\theta)=-\frac{\sigma_{yy}R^2}{4Gr}\times[(1+K)-(1-K)\times\{4\times(1-\nu)-\frac{R^2}{r^2}\}\times\cos2\theta] \tag{7-18}$$

$$u_\theta(r,\theta)=-\frac{\sigma_{yy}R^2}{4Gr}\times[(1-K)\times\{2\times(1-2\nu)+\frac{R^2}{r^2}\}\times\sin2\theta] \tag{7-19}$$

式中，r 为距圆心的径向距离；θ 为沿逆时针方向与 x 正向的夹角；R 为开挖圆形隧道半径；G 为弹性介质的体积模量；ν 为弹性介质的泊松比；K 为水平应力 σ_{xx} 与垂直应力 σ_{yy} 之比，即 $K=\sigma_{xx}/\sigma_{yy}$，通常将 K 称为侧压系数。

结合 B. H. G. Brady 的研究结果，验证采用连续—离散耦合分析方法得到的计算结果的合理性。Kirsch 解公式坐标系与耦合模型坐标系一致，Kirsch 解公式计算力学参数取值与耦合模型相同。选取距圆心径向距离 1 m 处的隧道周边围岩最外层颗粒的位移量，与 Kirsch 解进行对比分析。图 7-10 为径向与切向位移数值计算结果与解析解。可以发现，数值计算结果中，颗粒径向位移及切向位移均近似服从常数分布函数。

在径向位移中，颗粒径向位移数值计算拟合均值约为 6.86×10^{-5} m，而径向位移Kirsch 解约为 7.80×10^{-5} m，两者较为一致；在切向位移中，颗粒切向位移数值计算拟合均值约为 3.67×10^{-6} m，而切向位移 Kirsch 解约为 0 m，两者同样相差较小。通过径向位移、切向位移的耦合计算与 Kirsch 解的对比分析，发现数值计算结果与解析解较为吻合，表明采用本文建立的连续—离散耦合分析方法开展圆形隧道围岩变形破坏规律及机理的分析研究是切实可行的。

(2) 起裂围压条件

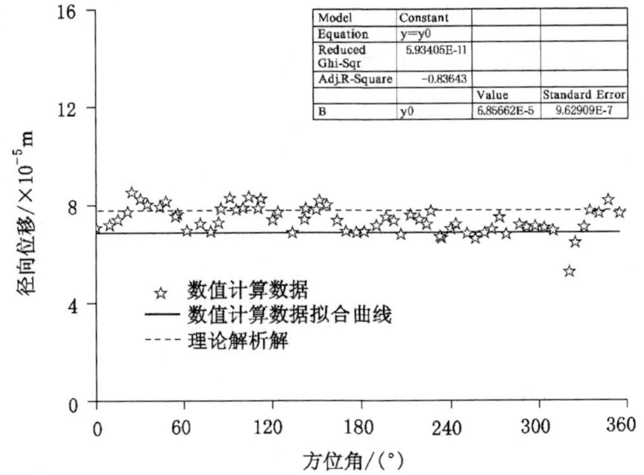

(a)

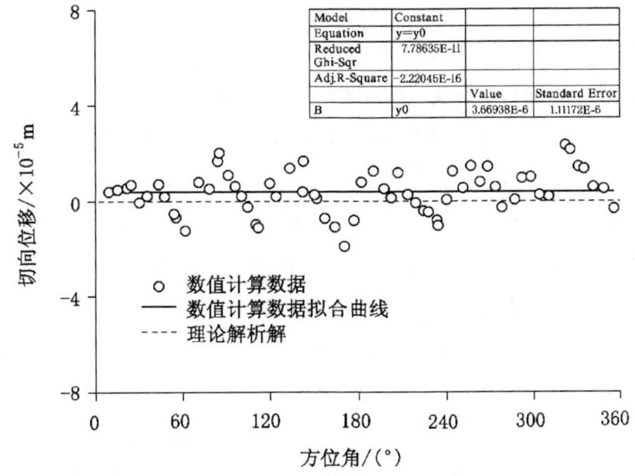

(b)

图 7-11　径向与切向位移数值解与解析解对比(p_h=5 MPa,p_v=5 MPa)
(a) 径向位移;(b) 切向位移

在水平围压 p_h及垂直围压 p_v均为 10 MPa 的起裂围压条件下,耦合模型圆形隧道开挖并计算 10 000 时步后,得到的颗粒体模型破裂及位移矢量分布如图 7-12 所示。可以发现,在达到起裂围压条件时,破裂开始在隧道周边浅部围岩范围内生成,分布较为随机,破裂在隧道顶板、底板及两帮均有发生。而破裂总数较少,仅为 9 条,其中张拉型破裂为 6 条、剪切型破裂为 3 条,张拉型破裂占主导优势。少量颗粒由于与围岩黏结发生了完全破坏而向隧道内弹射。另外,此时颗粒体模型中黏结力链分布状态与上节的计算结果较为相似,而平行黏结上的压力及拉力均有所增加,最大压力约为 1.17×10^6 N。

为观察连续元与离散元在计算过程中的耦合情况,选取计算终止时刻颗粒体模型与有限差分网格交界处的位移矢量进行对比分析,如图 7-12 所示。可以发现,在经过 10 000 时步耦合计算之后,颗粒体模型控制颗粒的位移矢量与空域边界有限差分网格节点的位移矢量，在大小及方向上均是一致的。这表明采用本书建立的连续—离散耦合分析方法开展圆形隧道围岩变形破坏规律及机理的分析研究，在空域边界上，通过颗粒体模型与有限差分网格的节点力、速率数据的不断传输交换计算，最终得到的计算结果是正确合理的。同理，在其他围压条件下亦可得到类似的计算结果，考虑篇幅限制，本节不再详述。

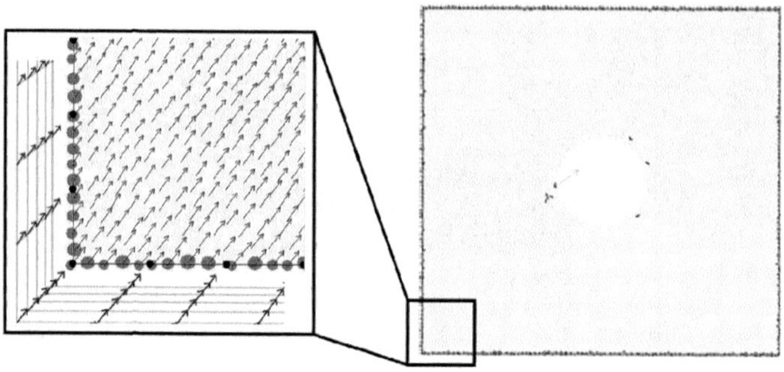

图 7-12　破裂及位移矢量分布（p_h=10 MPa，p_v=10 MPa）

（3）高围压条件

保持垂直围压 p_v=10 MPa 不变，不断增大侧压系数 K（即增大水平围压），计算得到的围岩破裂及位移矢量分布如图 7-13 所示。当 K 值为 1.25、1.50、1.75、2.00 时，计算时步分别为 10 000、10 000、30 000、30 000，最终计算终止时刻破裂停止增长，围岩变形破坏达到稳定状态。可以发现，与 K=1.00 相比，随着 K 值不断增大，破裂主要集中在圆形隧道顶板及底板围岩中孕育扩展。破裂构成的围岩破坏形态呈"毡帽形"，帽口朝向隧道中心。K 值越大，破裂数越多，围岩形成的"毡帽形"破坏范围越大。当 K 值分别为 1.25、1.50、1.75、2.00时，破裂数分别为 7、93、200、992，张拉型破裂占主导地位，分别为 85.7%、80.6%、75.5%、77.4%。但随着侧压系数的增大，张拉型破裂所占比例近似呈逐渐降低的趋势。在 K 值增大过程中，圆形隧道顶板及底板与围岩脱离的颗粒数量逐渐增多，表明实际工程中在这些位置发生顶板冒落、底板底鼓甚至岩爆等灾害的概率不断增加。

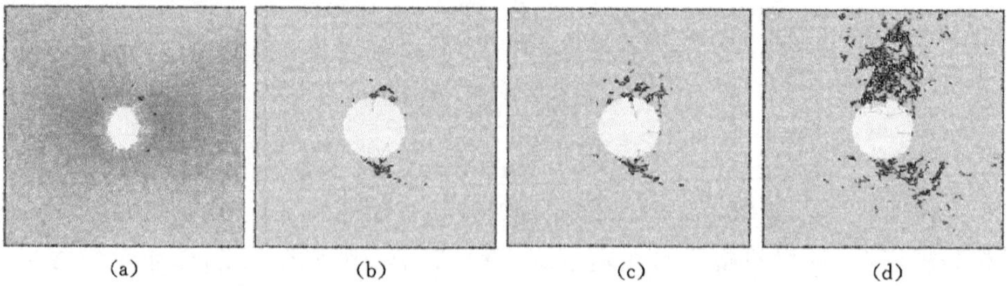

图 7-13　垂直围压不变（p_v=10 MPa）、侧压系数 K 不断增大的破裂及位移矢量分布

(a) K=1.25；(b) K=1.50；(c) K=1.75；(d) K=2.00

保持水平围压 p_h=10 MPa 不变，不断减小侧压系数 K（即增大垂直围压），计算得到的围岩破裂及位移矢量分布如图 7-13 所示。当 K 值为 0.80、0.67、0.57、0.50 时，计算时步分别为 10 000、10 000、30 000、30 000，最终计算终止时刻破裂停止增长，围岩变形破坏达到稳定状态。可以发现，保持水平围压不变，不断增大垂直围压，破裂逐渐集中在圆形隧道两帮

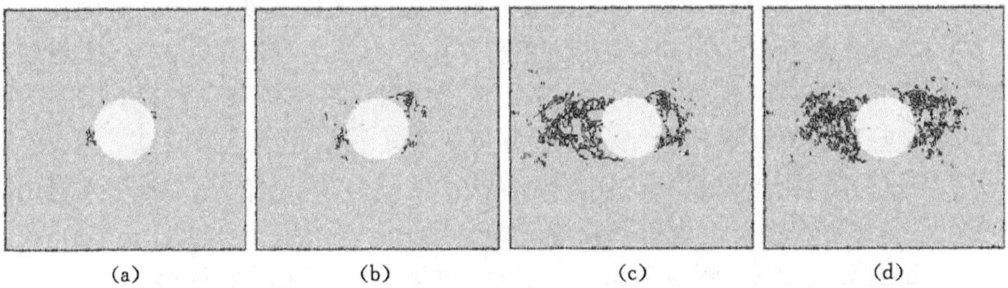

图 7-14 水平围压不变(p_h=10 MPa)、侧压系数 K 不断减小的破裂及位移矢量分布
(a) K=0.80;(b) K=0.67;(c) K=0.57;(d) K=0.50

围岩中孕育扩展。破裂构成的围岩破坏形态同样呈"毡帽形",帽口朝向隧道中心。垂直围压越大,破裂数越多,围岩形成的"毡帽形"破坏范围越大。当 K 值分别为 0.80、0.67、0.57、0.50 时,破裂数分别为 27、110、733、993,张拉型破裂占主导地位,分别为 88.9%、79.1%、80.6%、77.7%。但随着侧压系数的增大,张拉型破裂所占比例近似呈逐渐降低的趋势。保持水平围压不变,在垂直围压增大过程中,圆形隧道两帮围岩脱离的颗粒数量逐渐增多,表明实际工程中在这些位置发生片帮、岩爆等灾害的概率不断增加。

图 7-15 为不同侧压系数条件下,颗粒体模型中黏结力链分布情况。在图 7-15(a)中,当 p_h=20 MPa、p_v=10 MPa,即 K=2.00,颗粒黏结中拉、压应力集中现象主要在圆形隧道顶板及底板围岩中产生,最大黏结压力约为 2.168×10^8 N。在图 7-15(b)中,当 p_h=10 MPa、p_v=20 MPa,即 K=0.50,颗粒黏结中拉、压应力集中现象主要在圆形隧道两帮围岩中产生,最大黏结压力约为 2.246×10^8 N。上述两种情况下,围岩破裂区域由于黏结已发生破坏,因此,这些位置均不存在黏结拉、压力链。

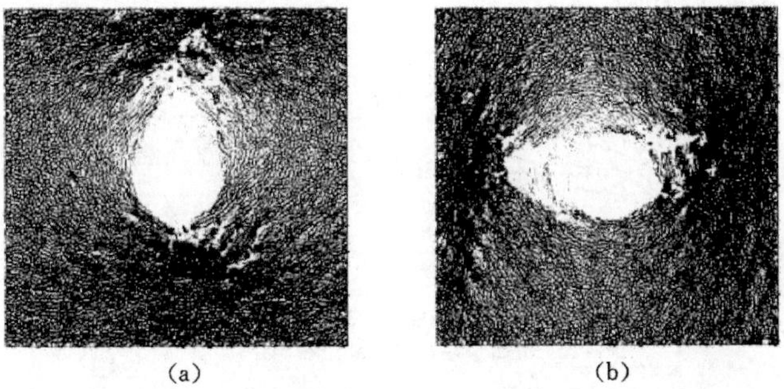

图 7-15 不同侧压系数 K 时的黏结力链分布
(a) K=2.00;(b) K=0.50

图 7-16 为水平围压 p_h 与垂直围压 p_v 均为 20 MPa 时计算得到的围岩破裂、位移矢量及黏结力链分布情况。

如图 7-16(a)所示,与上述计算结果相比,随着水平与垂直围压的同步增大,破裂数量进一步增多,达到 2 167 条,其中张拉型破裂约占 78.9%,仍占主导地位。由于水平围压与垂直围压相等,破裂主要在隧道周边围岩径向约 3 m 范围内随机分布,并产生较为明显的分区破裂化现象。钱七虎[158]指出,所谓分区破裂化现象,是指在深部岩石工程中开挖洞室或坑道时，在其洞室围岩中会产生交替的破裂区和非破裂区的现象。与上述侧压系数 K 为 2.00、0.50的计算结果相比，在水平围压与垂直围压均为 20 MPa 的条件下，圆形隧道顶板、底板、两帮均存在较为明显的分区破裂化现象。这表明在高围压条件下，当水平围压与垂直围压相等时，圆形隧道开挖后围岩中分区破裂化现象及分布范围更为明显。此外，由于水平围压与垂直围压相等，圆形隧道开挖诱使较多颗粒从围岩顶板、底板及两帮弹射出，表明实际工程中在这些位置产生动力灾害的概率较大。

图 7-16(b)黏结力链中，颗粒黏结中拉、压应力集中现象在圆形隧道周边围岩中均匀分布，最大黏结压力约为 2.637×10^{8} N，在分区破裂区域的完整岩石中，颗粒黏结仍具有一定的拉、压作用。

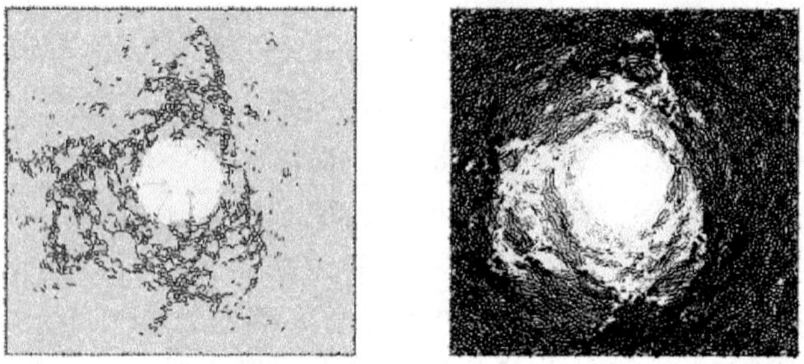

(a) (b)

图 7-16　p_h与 p_v均为 20 MPa 时的破裂、位移矢量及黏结力链分布

(a) 破裂及位移矢量；(b) 黏结力链

图 7-17 为不同围压条件下，圆形隧道开挖引起的围岩破裂增长曲线。可以较为明显地发现，随着水平、垂直围压的不断增大，破裂总数近似呈逐渐增多的趋势，而围岩中破裂孕育扩展的持续时间则不断延长。

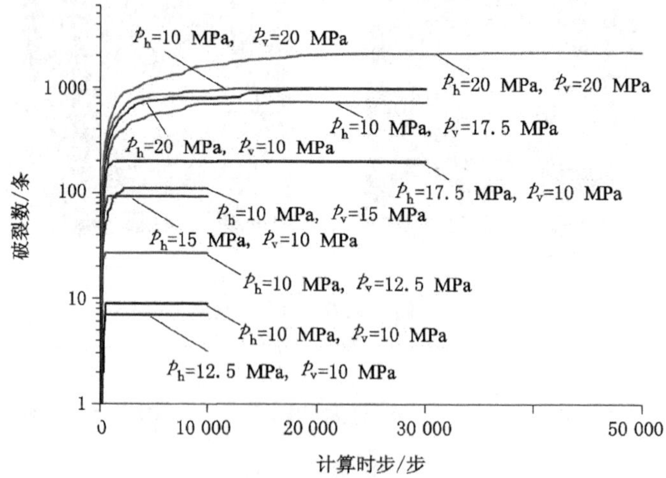

图 7-17　不同围压条件下破裂增长曲线

在围压相对较低的情况下，如当 p_h = 10 MPa、p_v = 10 MPa，在隧道开挖计算 500 时步后，破裂即停止增长。

随着围压的增大，如当 p_h=10 MPa、p_v=17.5 MPa，破裂增长可分为两个阶段，即快速增长阶段和缓慢增长阶段。在计算 0 时步至 1 160 时步之间，破裂增长速率较快，破裂数量迅速从 0 增至 306，破裂增长率约为 26.38 条/10^2时步；而在 1 160 时步至 9 700 时步之间，破裂增长速率逐渐变缓，破裂数量从 306 增至 702，破裂增长率约为 4.64 条/10^2时步，之后破裂便停止增长。

在较高围压条件下，即当 p_h=20 MPa、p_v=20 MPa，破裂孕育扩展的持续时间进一步延长，而破裂快速、缓慢增长阶段的增长时间及增长率均有所提高。在计算 0 时步至 2 380 时步之间，破裂增长速率较快，破裂数量迅速从 0 增至 912，破裂增长率约为 38.32 条/10^2时步；而在 2 380 时步至 26 220 时步之间，破裂增长速率逐渐变缓，破裂数量从 912 增至 2 167，破裂增长率约为 5.26 条/10^2时步，之后破裂便停止增长。

图 7-18(a)和图 7-18(b)分别为 p_h=20 MPa、p_v=10 MPa 及 p_h=10 MPa、p_v=20 MPa 条件下，有限差分网格最大—最小主应力(σ_1—σ_3)分布，十字长轴代表最大主应力，短轴代表最小主应力。可以发现，在远离隧道开挖扰动区域的深部原岩中，即靠近有限差分网格外部边界的位置，最大、最小主应力值及其方向与水平、垂直围压近似保持一致。而与开挖隧道距离越近，即越靠近空域边界，岩体中应力受扰动程度越大，其最小主应力方向逐渐指向开挖面方向，而最大主应力方向逐渐与开挖面方向平行。

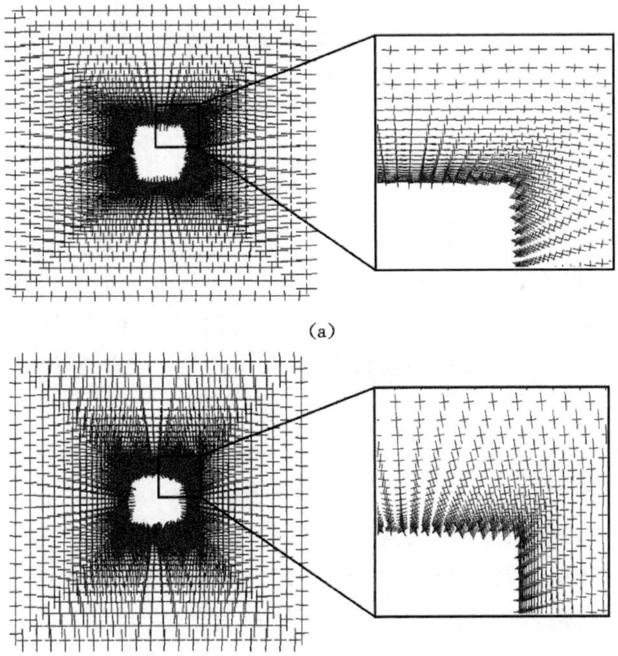

(a)

(b)

图 7-18 有限差分网格最大—最小主应力分布

(a) p_h=20 MPa，p_v=10 MPa；(b) p_h=10 MPa，p_v=20 MPa

目前，国内外许多学者已采用相似模拟试验的方法，开展了圆形隧道在不同围压条件下围岩破坏形态的试验研究。图 7-19(a)为宋义敏[159]采用石膏作为模型材料，得到的垂直围压大于水平围压条件下圆形隧道开挖围岩破坏试验结果，可以发现，围岩主要在隧道两帮位置产生了片帮破坏，与图 7-14(d)的计算结果较为一致。图 7-19(b)为曹冠华[160]采用铁晶砂胶结材料试验得到的等围压条件下圆形隧道开挖围岩破坏结果，可以发现，在隧道周边围岩中产生了较为明显的分区破裂化现象，且在隧道顶部、地板、两帮等位置均有发生，分布较为均匀，其试验结果与图 7-16(a)的计算结果较为一致。通过上述圆形隧道开挖围岩破坏情况的试验与计算结果的对比，发现两者均较为类似，再次验证了采用本文建立的连续—离散耦合分析方法开展圆形隧道围岩变形破坏规律及机理的分析研究，是切实可行的。

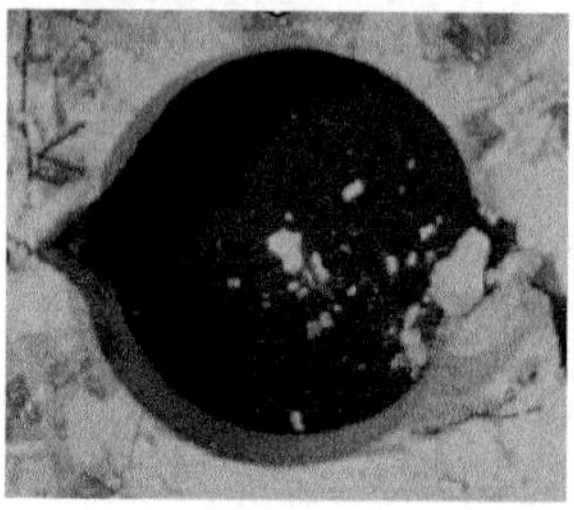

(a)

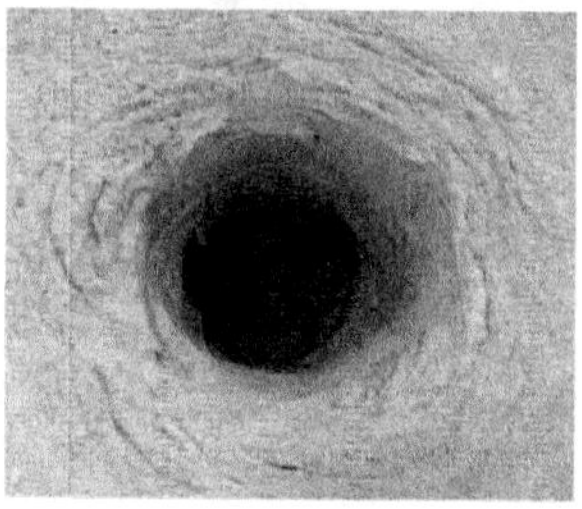

(b)

图 7-19　圆形隧道开挖破坏试验照片

(a) 片帮；(b) 分区破裂化现象

7.3　本章小结

(1) 卸载岩爆 PFC 数值模拟结果表明，根据应力环境的变化，卸载岩爆试验进程可分为平静期、局部颗粒弹射期、发展期及最终爆发期等 4 种状态，瞬时岩爆发生时的颗粒黏结破裂机制以张拉型为主、剪切型破裂为辅，宏观表现为端部碎裂、中部弹射剥落特征。模拟试验再现了不同应力状态下的岩样细观破裂过程及机制，为岩爆产生的判别与验证提供了有效手段。

(2) 模拟结果表明，岩爆发生时的载荷等级、试件应力—计算时步曲线、破坏形式等均与室内卸载岩爆试验较为吻合，表明 PFC 数值模拟方法可部分代替室内卸载岩爆试验，并大幅降低试验费用，为岩爆试验研究提供了一种新的有效途径。

(3) 基于有限差分理论及颗粒流理论，以 FLAC 及 PFC 程序为实现平台，通过将颗粒体模型嵌入有限差分网格内部空域，采用 Fish 语言编译连续元与离散元计算数据传输交换函数，建立二维圆形隧道围岩力学行为的连续—离散耦合分析模型，从宏—细观角度深入开展不同围压条件下圆形隧道围岩变形破坏机理研究。通过与理论计算、试验结果的对比分析，验证了采用连续—离散耦合分析方法开展圆形隧道围岩变形破坏规律及机理研究的可靠性。获得的主要研究结论如下：

① 在低围压条件下，隧道开挖围岩发生弹性变形。当水平围压与垂直围压相等，相同径向距离处的围岩变形量近似相等，均指向圆心。

② 在高围压条件下，当侧压系数 K 大于 1，围岩破坏主要集中在隧道顶板、底板，当侧

压系数 K 小于 1，围岩破坏主要集中在隧道两帮。围岩破坏形态均呈“毡帽形”，帽口朝向隧道中心。

③ 在高围压条件下，当侧压系数 K 等于 1，围岩破坏表现出明显的分区破裂化现象。

④ 在高围压条件下，随着围压不断增大，破裂总数逐渐增多，而破裂孕育扩展时间不断延长，且可分为快速增长阶段和缓慢增长阶段。

综上所述，本章建立的圆形隧道围岩变形破坏连续—离散耦合分析方法及所获得的结论，可弥补现有理论、试验、数值计算等研究方法的不足，并可作为一种新的研究手段为复杂地质条件下隧道工程问题的科学分析、判别与验证提供有力支撑。

8 结 论

8.1 主要结论

本书通过对张(家口)石(家庄)高速公路黑石岭隧道实地调查、岩石声发射、Kaiser效应地应力量测、室内岩石力学试验、室内岩爆模拟试验、数值模拟等方法，分析了公路隧道在埋深不足250 m(国内外发生岩爆的绝大多数地下工程埋深在300 m以上)时岩爆发生的静力学机制，对此类岩爆灾害发生的机理进行了细观方面的分析，主要分析和研究结论如下：

(1) 区域工程地质环境调查及影响因素分析

张(家口)石(家庄)高速公路黑石岭隧道为贯通张石高速二期工程全线的关键性工程，穿越的太行山区，岩性为干燥的硬脆性微—未风化白云岩，虽然埋深不足250 m，但地质环境复杂，浅表生作用明显，地质构造属于典型的大倾角向斜构造。种种迹象表明该隧道隧址区具有多种引起岩爆的影响因素。这一点结论可作为类似工程地质环境的高速公路选线的借鉴。

(2) 地应力测量及分析

现场采集岩样进行了岩石声发射Kaiser效应地应力试验，测得3个测点的原始地应力值，确定工程区地应力的量级大小。得到3个测点的最大主应力值均超过20 MPa。得出了主应力没有随埋深增加而逐渐增大的变化趋势的结论，说明主应力大小与埋深关系不大，主应力的大小主要是构造应力、浅表生作用引起的，并结合工程现场岩体结构及尺寸效应和室内岩爆模拟实验，求得了岩爆的临界深度为202 m。

(3) 室内岩石力学试验研究

现场采集岩石试样进行室内岩石力学试验，测定岩石物理力学参数。通过研究岩石全应力—应变曲线变化规律得出测点岩石的单轴抗压强度较高，脆性破坏属性显著，宏观上接近拉张破坏模式。通过研究反复加—卸载曲线变化规律得出岩石卸载所释放的弹性应变能远大于岩石所耗损的弹性应变能，在岩石的破坏过程中有发生弹性应变能突然释放的可能。软化性试验结果表明该隧道围岩岩石不是软化性岩石。

(4) 隧道岩爆声发射能量及时频特征分析

对埋深不足250 m的微—未风化白云岩样声发射能量特征及频谱特征利用傅立叶变换分析声发射波形的3个频段的幅值变化和岩样破坏之间的关系，并利用Gutenberg-Richter关系式对幅值进行b值拟合，发现岩样在发生破坏时b值出现且呈降低趋势，在180 kHz(175～210 kHz)高频段的幅值与应力峰值变化相对应且大部分都满足b值关系式，声发射能量较多的岩样，岩爆发生时破坏也较为严重。

(5) 研究区域岩样力学特性数值模拟

基于颗粒流理论采用PFC程序中的平行黏结模型和光滑节理模型，通过两种模型相结合构建具有岩石矿物细观结构的Grain-Based结构模型，重现了脆性岩石的力学特性试验如抗拉、单轴压缩及不同围压下的三轴压缩试验，研究了在不同类型试验下的破坏机理及强度特征。从细观角度深入揭示脆性岩石的破裂特征。表明了基于Grain-Based的颗粒流模型能模拟抗压与抗拉强度比大于10的脆性材料破裂，能真实反映了脆性岩石变形破坏的全过程。

卸载岩爆PFC数值模拟结果表明，根据应力环境的变化，卸载岩爆试验进程可分为平静期、局部颗粒弹射期、发展期及最终爆发期等4种状态，瞬时岩爆发生时的颗粒黏结破裂机制以张拉型为主、剪切型破裂为辅，宏观表现为端部碎裂、中部弹射剥落特征。模拟试验再现了不同应力状态下的岩样细观破裂过程及机制，为岩爆产生的判别与验证提供了有效手段，为岩爆试验研究提供了一种新的有效途径。

(6) 隧道围岩变形破坏机理连续—离散耦合分析研究

基于有限差分理论及颗粒流理论，以FLAC及PFC程序为实现平台，通过将颗粒体模型嵌入有限差分网格内部空域，采用Fish语言编译连续元与离散元计算数据传输交换函数，建立二维圆形隧道围岩力学行为的连续—离散耦合分析模型，从宏—细观角度深入开展不同围压条件下圆形隧道围岩变形破坏机理研究。通过与理论计算、试验结果的对比分析，验证了采用连续—离散耦合分析方法开展圆形隧道围岩变形破坏规律及机理研究的可靠性。

8.2 创新点

(1) 建立了一种采用声发射波形频段幅值、能量变化判别岩爆的方法，揭示了声发射波形频段幅值、能量变化与岩爆之间的量化关系。

通过对岩样进行单轴压缩实验、巴西劈裂实验及岩爆室内模拟试验采集到的声发射数据，对埋深不足250 m的微—未风化白云岩样声发射能量特征及频谱特征利用傅立叶变换，分析声发射波形的3个频段的幅值变化和岩样破坏之间的关系，并利用Gutenberg-Richter关系式对幅值进行了 b 值拟合，展示了研究区域白云岩试件的声发射能量特征，通过分析声发射波形的3个频段55 kHz(45～60 kHz)、180 kHz (175～210 kHz)和300 kHz (280～330 kHz)的幅值变化和岩样破坏之间的关系。表明180 kHz(175～210 kHz)频段的声发射波形更易于判断和预测岩爆的发生。除此之外，岩样发生岩爆时刻的声发射能量也可解释白云岩发生岩爆的破坏程度。产生声发射能量较多的岩样，岩爆发生时破坏也较为严重。

(2) 建立了一种基于GBM模型研究脆性岩石破坏力学特征及声发射事件识别与定位的方法。

基于颗粒流理论采用PFC程序平行黏结模型和光滑节理模型，再现矿物颗粒的不规则构造，通过开展脆性岩石的单轴拉伸、单轴压缩及三轴压缩等试验，研究了在不同类型试验下的破坏机理及强度特征，从细观角度深入揭示了具有高抗压/抗拉比值的脆性岩石的破裂特征。

在实验中，岩石的声发射事件所产生的宏观裂纹大部分是由许多小的微裂纹贯通所构成，利用 Grain-Based 模型来模拟一次声发射包含多条微裂纹的现象，得到了单轴压缩以及不同围压状态下三轴压缩声发射定位结果，随着围压逐步增大，声发射活动逐渐频繁，声发射的能量也逐渐增大，表明试件内部裂纹随着围压的增大，也在逐步发育，直至形成了一条贯通底部的宏观破裂带。

（3）建立了隧道围岩力学行为的连续—离散耦合分析方法，从宏—细观角度深入揭示了不同围压条件下圆形隧道围岩变形破坏机理。

隧道围岩力学行为的连续—离散耦合分析方法，是基于有限差分理论及颗粒流理论，以 FLAC 及 PFC 程序为实现平台，通过将颗粒体模型嵌入有限差分网格内部空域，采用 Fish 语言编译连续元与离散元计算数据传输交换函数，建立二维圆形隧道围岩力学行为的连续—离散耦合分析模型，从宏—细观角度深入开展不同围压条件下隧道围岩变形破坏机理研究。

研究表明在低围压条件下，当水平围压与垂直围压相等，相同径向距离处的围岩变形量近似相等，均指向圆心。随着围压不断增大，破裂总数逐渐增多，在高围压条件下，当侧压系数 K 大于 1，围岩破坏主要集中在隧道顶板、底板，当侧压系数 K 小于 1，围岩破坏主要集中在隧道两帮，破坏形态均呈“毡帽形”，帽口朝向隧道中心。当侧压系数 K 等于 1，围岩破坏表现出明显的分区破裂化现象。

8.3 研究展望

本书在对隧道工程地应力及岩爆机理细观研究时，对各种资料进行了搜集及处理，希望能做到深入准确的研究，但由于知识水平和时间的限制，本书对一些问题的考虑不够全面，需要从以下几个方面进行改进：

（1）目前岩爆的判据大多数采用的是静力学参数指标，而动力学指标采用较少，而且动力学指标还没有公认的判定标准，这还有待于岩爆动力学机制的进步与发展。岩爆发生力学机制分析方面，还可以做更深入的研究工作，可以采用动力学理论进行分析。研究各种震动对岩爆灾害的影响。甚至可以应用断裂、损伤、分叉理论、耗散结构理论、混沌理论、模糊数学理论等非线性理论对岩爆发生机制进行分析。

（2）本书室内实验研究未涉及自然界非贯通裂隙岩体在开挖卸荷下的变性破坏性质，所得到的成果与自然界卸荷状态下的岩爆状况有一定的区别。

由于时间、经费问题，本书采用的岩爆模拟试验所做试样较少，无法进行详细的对比，岩爆实验所取试样尺寸及加载方式是根据经验确定。此外，未来的部分研究工作还可包括，岩爆的预防和治理等。

（3）在进行岩样岩爆及声发射实验时并未考虑温度、孔隙压力等对岩体力学特性的影响。众所周知，高温可引起岩石抗压强度、起裂强度等力学特性的降低，因此，在例如深部岩体等特定条件下，在进行岩体力学研究中考虑热效应作用将是非常有实际应用价值的。实际岩体中，孔隙中若存在着水等流体，将引起孔隙压力。而孔隙压力的变化将改变岩石破裂的演化规律，例如，孔隙流体压力的增大导致有效应力的降低，而较低的孔隙压力将引起张拉裂纹的产生，而超孔隙压力将引起水压致裂。

另外，本书提出的基于细观的岩爆机理研究方式，在今后的研究工作中，还需在大量的室内试验数据、现场原位试验数据的基础上，对岩爆细观机理的理论基础、参数设置、计算方案等进行验证、补充、改进和完善，使该技术可以在边坡、隧道等众多工程的岩体力学特性以及稳定性研究中，获得更为广泛的应用。

参考文献

[1] 张晓春.煤矿岩爆发生机制研究[J].岩石力学与工程学报,1999,18(4):492-498.

[2] 汪泽斌.岩爆实例、岩爆术语及分类的建议[J].工程地质.1988(3):5-10.

[3] 李广平.岩体的压剪损伤机理及其在岩爆分析中的应用[J].岩土工程学报,1997,19(6):49-56.

[4] 徐林生,王兰生.二郎山公路隧道岩爆发生规律与岩爆预测研究[J].岩土工程学报,1999,21(5):569-572.

[5] 张秉鹤.括苍山特长公路隧道相对浅埋洞段岩爆机理及防治措施研究[D].长春:吉林大学,2007.

[6] 谷明成,候发亮,陈成宗.秦岭隧道岩爆的研究[J].岩石力学与工程学报,2002,21(9):1324-1329.

[7] 谭以安.岩爆烈度分级问题[J].地质评论.1992,38(5):439-442.

[8] DOWDINGCH,ANDERSSONCA. Potential for rock bursting and slabbing in deep caverns[J]. Engineering Geology,1986(22):265-279.

[9] KAISER P K,MCCREATH D R,TANNANT D D. Canadian Rockburst Support Handboo[R]. Sudbury:Geomechanics Research Centre,Laurentian University,1996.

[10] 杨涛,李国维.基于先验知识的岩爆预测研究[J].岩石力学与工程学报,2000,19(4):429-431.

[11] 杨健,武雄.岩爆综合预测评价方法[J].岩石力学与工程学报,2005,2(3):411-416.

[12] 任振起.北京门头沟矿震与大同-阳高地震的关系[J].山西地震,1999(3-4):35-38.

[13] 陈宁,王运生,蒋发森,等.汶川县渔子溪地震地质灾害特征及灾害链成生分析[J].工程地质,2012,12(3):340-349.

[14] 李世成,崔建文,杨润海,等.云南地震地质灾害与资源环境效应问题的初步研究[J].云南地理环境研究,2003(02):9-17.

[15] REDDY N,SPOTTISWOODE S M. The influence of geology on asimulated rockburst [J]. Journal of The South African Institute of Mining and Metallurgy,2001,101(5):267-272.

[16] HOEKE,BROWNE T.岩石地下工程[M].北京:冶金工业出版社,1986.

[17] 刘小明,李卓芬.脆性岩石损伤力学分析与岩爆损伤能量指数[J].岩石力学与工程学报,1997,16(2):13-23.

[18] 蔚宝华,王治中,郭彬.泥页岩地层井壁失稳理论研究及其进展[J].钻采工艺,2007(5):16-20.

[19] 章梦涛.冲击地压失稳理论与数值模拟计算[J].岩石力学与工程学报,1987(6):

197-204.
[20] 任廷鸿. 冲击载荷下疲劳损伤力学及锻锤基础的疲劳损伤分析[D]. 杭州：浙江大学，2006.
[21] KAWAMOTO T, ICHIKAWA Y, KYOYA T. Deformation and fracturing behavior of discontinuous rock mass and damage mechanics theory[J]. International Journal for Numerical and Analysis Methods in Geomechanics, 1988(3): 55-62.
[22] 杨键，王连俊. 岩爆机制声发射试验研究[J]. 岩石力学与工程学报，2005，24(20)：3796-3802.
[23] 赵永红，凌勇. 细砂岩裂纹周围变形破坏过程及应变场分布[J]. 岩土力学，2004，25(6)：35-44.
[24] BARDET J P. Numerical modeling rockburst[C]. Proceedings of Third International Symposiumon Numerical Models in Gomechanics. Rotterdam: Elserical Applied Science, 1989: 311-318.
[25] LINKOV A M. Rockbursts and the instability of rock masses [J]. Int Rock Mech Min Sci &Geomech Abstr., 1996, 33(7): 727-732.
[26] 宫凤强，李夕兵. 岩爆发生和烈度分级预测的距离判别方法及应用[J]. 岩石力学与工程学报，2007，26(5)：1012-1018.
[27] 王元汉，李卧东，李启光，等. 岩爆预测的模糊数学综合评判方法[J]. 岩石力学与工程学报，1998，17(5)：493-501.
[28] 白明洲，王连俊，许兆义. 岩爆危险性预测的神经网络模型及应用研究[J]. 中国安全科学学报，2002，12(4)：65-69.
[29] 杨宝忠. 浅谈隧道施工中岩爆发生的机理及预防措施[J]. 铁道工程学报，1999，4(64)：62-65.
[30] TIE-KUEN HUANG. Mechanical Behavior of Interconnected Concrete-Block Retaining Wall[J]. Journal of Geotechnical and Geo environmental Engineering. ASCE, 1997, 123(3): 197-203.
[31] 刘小明. 脆性岩石损伤力学分析与岩爆损伤能量指数[J]. 岩石力学与工程学报，1997，16(2)：140-147.
[32] 周宏伟，谢和平，左建平. 深部高地应力下岩石力学行为研究进展[J]. 力学进展，2004，35(1)：91-99.
[33] FUJII Y, KIYAMA T. Circumferential strain behavior during creep tests of brittle rocks[J]. Int. J. Rock Mech. Mine Sci. and Geomech Abstr, 1999, 36(3): 323-337.
[34] 黄明利，唐春安，朱万成. 岩石破裂过程的数值模拟研究[J]. 岩石力学与工程学报，2000(7)：468-471.
[35] 李炼，徐钺，李启光，等. 花岗岩板渐进破坏过程的细观研究[J]. 2002(7)：940-947.
[36] 刘志成. 脆性岩石三轴卸荷实验研究[J]. 华北科技学院学报，2009(7)：10-12.
[37] 万志军，赵阳升，董付科，等. 高温及三轴应力下花岗岩体力学特性的试验研究[J]. 岩石力学与工程学报，2008，27(1)：72-77.
[38] 王贵荣，任建喜. 基于三轴压缩试验的红砂岩本构模型[J]. 长安大学学报（自然科学

版),2006,26(6):48-51.

[39] 卢允德,葛修润,蒋宇,等.大理岩常规三轴压缩全过程试验和本构关系的研究[J].岩石力学与工程学报,2004,23 (15):2489-2493.

[40] 孟召平,彭苏平,张慎河.不同成岩作用程度砂岩物理力学性质三轴试验研究[J].岩土工程学报,2003,25(2) :140-143.

[41] SUJATHA V,CHANDRA KISHEN JM. Enger release rate due to friction at brimaterial interface in dams[J]. J Engin Mech,Asce,2003,129(7):108-113.

[42] LABUZ J F,DAIL S T. Residual strength and fracture enge engergy from plane-strain testing[J]. J Geot Geoe engin,2000,126(10):195-199.

[43] WANG WENXING, PAN CHANGLIANG, FEN TAO. Fountain ahd inductive rock burst[J] . J. GENT. SOUTH UNIV. Technology,2000(3):39-44.

[44] WHYATT J,BLAKE W,LAKE H,et al. 60 years Rock bursting in the Coeur D'alene district alene district of northern idaho[M/OL]. USA:Lessons Learnedand Remaining Issues,2009,02.

[45] 杨宝忠.浅谈隧道施工中岩爆发生的机理及预防措施[J].铁道工程学报,1999,4(64):62-65.

[46] 刘景儒.滇藏铁路玉峰寺深埋隧道重大工程地质问题研究[D].北京:中国地质科学院,2007.

[47] 石守亮.深埋特长引水隧洞岩爆预测综合研究[J].人民黄河,2008,30(1):72-74.

[48] 王湘锋.锦屏二级水电站深埋特长引水隧洞岩爆模拟及预测研究[D].成都:成都理工大学,2006.

[49] 康勇,李晓红,王青海,等.隧道地应力测试及岩爆预测研究[J].岩土力学, 2005,6(6):959-963.

[50] 李春杰,李洪奇.秦岭隧道岩爆特征与施工处理[J].世界隧道,1999(1):36-41.

[51] 徐林生,王兰生.国内外岩爆研究现状综述[J].长江科学院院报,1999,16(4):24-27.

[52] 刘卫东,李角群,李磊.岩爆研究现状综述[J].黄金,2009,1(31):26-28.

[53] 谭以安.岩爆特征及岩体结构效应[J].中国科学,1991(9):985-991.

[54] 徐林生,王兰生.岩爆形成机理研究[J].重庆大学学报,2001,3(24):115-121.

[55] HOMAND F,et al. Dynamic phenomena in mines and characteristics of rocks[M]. Rock-burstsand Seismicity in mines, Faihursted. Rotterdam:Balkema,1990:139-142.

[56] 汪泽斌.天生桥二级水电站隧洞岩爆规律及预测方法的探索[J].人民珠江,1994(3):11-13.

[57] 张津生,陆家佑,贾愚如.天生桥二级水电站引水隧洞岩爆研究[J].水力发电,1991(10):35-37.

[58] 姜云,王兰生.深埋长大公路隧道高地应力岩爆和岩溶涌突水问题及对策[J].岩石力学与工程学报,2002(9):1319-1323.

[59] 郭志.试验条件与岩体力学特性的相关性[J].水文地质工程地质,1995(1):15-19.

[60] 谭以安.岩爆形成机理研究[J].水文地质工程地质,1989(1):34-38.

[61] 范永慧,杨鹏,唐志强.岩爆过程的能量分析[J].煤炭技术,2010,29(12):114-115.

[62] KIDYBINSKI A. Bursting liability indiees of coal[J]. Rock Mechanies And mining seienee,1981 (18):295-304.

[63] CAI M,KAISER P K,TASAKA Y,et al. Generalized crack initiation and crack damage stress thresholds of brittle rock masses near underground excavations [J]. International Journal of Rock Mechanicsand Mining Sciences,2004(41):833-847.

[64] KRAJCINOVIC D,SILVA M A G. Statistical aspects of the continuous damage theory[J]. Inc. J. Solids Structures,1982,18(7):551-562.

[65] BRADY B H G,BROWN E T. Energy changes and stability in undeground mining: designapPlication of boundary element methods[J]. IMM,1981:61-67.

[66] CHOVHANJ R. LongRange Rock-burst Prediction: A Seismological Approach[J]. Rock Deformation:1994,3(1):71-77.

[67] KIDYBINSKI A. Bursting liability induces of coal[J]. International Journal of Rock Mechanics and Mining Sciences and Geomechanics Abstracts,1981, 18(4):295-304.

[68] 谭以安,孙广忠,郭志. 岩爆岩石弹射性能综合指数 Krb 判据[J]. 地质科学,1991(2):193-200.

[69] 徐则民,吴培关,王苏达,等. 岩爆过程释放的能量分析[J]. 自然灾害学报,2003,12(3):104-110.

[70] 冯涛,王文星,潘长良. 岩石应力松弛试验及两类岩爆研究[J]. 湘潭矿业学院学报,2000,15(1):27-31.

[71] 祝方才,宋锦泉. 岩爆的力学模型及物理数值模拟述评[J]. 中国工程科学,2003(3):83-88.

[72] 程骋. 应变岩爆的岩体刚度比效应研究[D]. 北京:中国矿业大学(北京),2012.

[73] 蔡美峰,何满潮. 岩石力学与工程[M]. 北京:科学出版社,2006.

[74] 尤明庆. 岩石试样的强度及变形破坏过程[M]. 北京:地质出版社,2000.

[75] 葛修润. 岩土损伤宏细观试验研究[M]. 北京:科学出版社,2004.

[76] AMSUROVV A M. Prediction of rockbursts by analysis of induced seismicity data [J]. Int. J. Rock M ech. Sci,2001(38):893-901.

[77] 谭以安. 岩爆类型及其防治[J]. 现代地质,1991,5(4):450-456.

[78] 陈卫忠,吕森鹏,郭小红,等. 脆性岩石卸围压试验与岩爆机理研究[J]. 岩土工程学报,2010,6(32):963-969.

[79] 康勇,李晓红,王青海,等. 隧道地应力测试及岩爆预测研究[J]. 2005(6):959-963.

[80] MARTIN C D. Seventeenth Canadian geotechnical colloquium: the effect of cohesion loss and stress path on brittle rock strength[J]. Can Geotech J,1997,34(5):159-168.

[81] WONG TENG-FONG,SZETO HIRAM,ZHANG JIA-XIANG. Effect of loading path and porosity on the failure mode of porous rocks[J]. Appl Mech Rev,1992,45(8):281-289.

[82] WANG WEN-XING,PAN CHANG- LIANG,FENG TAO. Fountain rockbursand inductive rockburst[J]. J Central South University of Technology,2000,7(3):129-132 .

[83] 范永慧.岩爆过程的能量分析[J].煤矿支护,2010(3):1-2.

[84] COOK N G W,HOEK E. PRETORIUS J P G,et al. Rock mechanics applied to rockbursts[J]. HJ. S. Afr. Inst. M in. M et. ,1966:435-528.

[85] 吴玉山,李纪鼎.大理岩卸载特性的研究[J].岩土力学,1984,5(1):29-36.

[86] 谢和平.分形-岩石力学导论[M].北京:科学出版社,1999.

[87] 谢和平,鞠扬,黎立云.基于能量耗散与释放原理的岩石强度与整体破坏准则[J].岩石力学与工程学报,2005,24(17):3003-3010.

[88] 章梦涛.冲击地压失稳理论与数值模拟计算[J].岩石力学与工程学报,1987,6(3):197-204.

[89] 罗先启,舒茂修.岩爆的动力断裂判据[J].中国地质灾害与防治学报,1996,7(2):1-5.

[90] SALAMON M D G. Rock mechanics of underground excavations. Proc. 3rd Congress [J]. Int. Soc. Rock M ech. ,Denver,Colorado,1974,1(B):951-1099.

[91] BAGDE M N,PETORŠ A V. Fatigue properties of intact sandstone samples subjected to dynamic uniaxial cyclical loading[J]. In:Int J. of R Mech & Mining,2005(42):237-250.

[92] 唐礼忠,潘长良,王文星.用于分析岩爆倾向性的剩余能量指数[J].中南工业大学学报,2002,33(2):129-132.

[93] 祝方才,潘长良,曹平.冬瓜山典型矿岩岩爆倾向性基于灰色关联度的模糊综合评判[J].有色金属,2002,54(1):71-74.

[94] 侯发亮,刘小明,王敏强.岩爆成因再分析及烈度划分探讨[C].第二届全国岩石动力学学术会议论文集.武汉:武汉测绘科技大学出版社,1992.

[95] 陈宇龙,魏作安,许江,等.单轴压缩条件下岩石声发射特性的实验研究[J].煤炭学报,2011,9(36)(增 2):237-239.

[96] 王牛俊,陈莉.声发射检测技术的原理及应用[J].陕西国防工业职业技术学院学报,2010,6(20):41-43.

[97] LIU H,LEE P K K,TUSI Y,et al. Acoustic emission behavior of brittle rocksunder uniaxial compression[C]. In Proc. SEM IX International Conference on Experimental Mechanics. Orlando:[s. n.],2000:880-883.

[98] 谷明成,何发亮,陈成宗.秦岭隧道岩爆的研究[J].岩石力学与工程学报,2002,21(9):1324-1329.

[99] 王元汉.岩石类脆性材料的压剪断裂分析[C].中国岩石力学与工程学会第三次大会论文集.[s. l.]:[s. n.],1994:144-152.

[100] 胡明标,吴爱祥,韩斌.层次分析法在采场岩体稳定性预测预报中的应用[J].有色矿冶,1997(4):11-35.

[101] 冯夏庭,赵洪波.岩爆预测的支持向量机 [J] .东北大学学报,2002,23(1):57-59.

[102] 杨莹春,诸静.物元模型及其在岩爆分级预报中的应用[J].系统工程理论与实践,2001,8(8):125-129.

[103] 周健,池永,池统蔚,等.颗粒流方法及 PFC2D 程序[J].岩土力学,2000,21(3):271-274.

[104] 张广清,金衍,陈勉.利用围压下岩石的凯泽效应测定地应力[J].岩石力学与工程学报,2002,21(3):360-363.

[105] 李造鼎,宋纳新,秦四清.应用岩石声发射凯塞效应测定地应力[J].东北大学学报(自然科学版),1994,15(3):248-252.

[106] 周兴国,高永涛,卢宏建,等.黑石岭隧道围岩岩爆灾害研究[J].防灾减灾工程学报,2010,30(4):435-441.

[107] 高永涛,周兴国,吴顺川,等.深埋隧道白云岩试样岩爆模拟实验研究[J].北京科技大学学报,2010,32(7):819-827.

[108] 杨健,王连俊.岩爆机理声发射试验研究[J].岩石力学与工程学报,2005,24(20):3796-3802.

[109] 吴贤振,刘祥鑫,刘洪兴.砂岩岩爆声发射特征及 b 值动态特性试验研究[J].金属矿山,2011(3):16-18.

[110] 尚晓吉,张志镇,田智立,等.基于声发射测试的岩爆倾向性预测研究[J].金属矿山,2011,422(8):56-59.

[111] 李俊平,余志雄,周创兵,等.水力耦合下岩石的声发射特征试验研究[J].岩石力学与工程学报,2006,25(3):492-498.

[112] TANIMOTO K,NAKAMURA J,FUDO R. Application of acoustic emissionin in-situ test[C]. In:Proceedings of the 10th Conference on Soil Mechanics and Foundation Engineering. Rotterdam:A. A. Balkema,1978:573-576.

[113] 何建平.岩体声发射信号波形变化特征分析[J].工矿自动化,2008(3):30-32.

[114] 赵兴东,刘建坡,李元辉,等.基于声发射监测的岩石破裂孕震模式实验研究[C].第三届全国岩土与工程学术大会论文集.[s. l.]:[s. n.],2009:720-724.

[115] CARLSSON B, NORDLUND E, ANDERSSON Y,et al. The failure process and the acoustic emission of brittle rock under compression[C]. In:VouilleG, Berest P ed. Proc. International Congress on Rock Mechanics. Paris, France:A. A. Balkema,1999:569-572.

[116] 袁振明,马羽宽,何泽云.声发射技术及其应用[M].北京:机械工业出版社,1985.

[117] SHIOTANI T,NAKANISHI Y,IWAKI K,et al. Evaluation reinforcement in damaged realway concrete piers by means of AE[J]. Journal of acoustic emission,2005(23):260-271.

[118] MARTYN U,READ MARK R. AYLING,PHILIP G. Meredith,Stanley A. F. Murrell. Microcracking during triaxial deformation of porous rocks monitored by changes in rock physical properties (II)-Pore volumometry and acoustic emission measurements on water-saturated rocks[J]. Tectonophysics,1995(245):223-235.

[119] 袁子清,唐礼忠.岩爆倾向岩石的声发射特征试验研究[J].空间与工程学报,2008,4(1):94-98.

[120] 何满潮,苗金丽,李德建,等.深部花岗岩试样岩爆过程实验研究阴.岩石力学与工程学报,2007,26(5):865-876.

[121] CUNDALL P A. STRACK O D L. Particle flow code in 2 Dimension[C].[s. l.]:

Itasca Consulting Group, Inc. ,1999.

[122] POTYONDY D O, CUNDALL P A. A bonded-particle model for rock[J]. Int. J. Rock Mech. Min. Sci. ,2004(41):1329-1364.

[123] POTYONDY D O. Simulating stress corrosion with a bonded-particle model for rock [J]. Int. J. Rock Mech. Min. Sci. ,2007(44):667-691.

[124] ITASCA CONSULTING GROUP. PFC3D (Particle Flow Code in 3 Dimensions) Theory and Background[M]. MinnesotaItasca Consulting Group Inc. ,2008.

[125] ITASCA CONSULTING GROUP. PFC3D (Particle Flow Code in 3 Dimensions) User's guide[M]. Minnesota: Itasca Consulting Group Inc. ,2008.

[126] ITASCA CONSULTING GROUP. PFC3D (Particle Flow Code in 3 Dimensions) FISH in PFC3D[M]. Minnesota: Itasca Consulting Group Inc. ,2008.

[127] POTYONDY D O. "A Grain-Based Model for Rock: Approaching the True Microstructure," [C]. 10-page paper to appearin Proceedings of Rock Mechanics in the Nordic Countries 2010. [s. l.]: [s. n.], 2010.

[128] POTYONDY D O. "Simulating Spalling, Phase II: Feasibility Assessment," Itasca Consulting Group, Inc. , Report to Svensk K? rnbr? nslehantering AB (SKB), Stockholm, Sweden, ICG09-2502-3F, January 2009. [s. l.]: [s. n.], 2009.

[129] ZHOU YU, MISRA A. WU Shunchuan such as rock joints in direct shear test particle flow macro-meso-analysis [J]. Chinese Journal of Rock Mechanics and Engineering, 2012 (06):1245-1256.

[130] RAMAMURTHY T. Strength and modulus responses of anisotropic rocks[C]. In: Comprehensive Rock Engineering, vol. 1, Hudson J A, ed. Oxford: Pergamon, 1993: 313-329.

[131] BIENIAWSKI Z T. The effect of specimen size on compressive strength coal[J]. Int. J. Rock Mech. Sci. 5, 1968:325-335.

[132] PRATT H R, Black A D, Brown W S, et al. The effect of specimen size on the mechanical properties of unjointed diorite[J]. Int. J. Rock Mech. Sci. 9, 1972:513-529.

[133] HART R, CUNDALL P A, LEMOS J. Formulation of a Three-Dimensional Distinct Element Model-Part II. Mechanical Calculations for Motion and Interaction of a System Composed of Many Polyhedral Blocks[J]. Int. J. Rock Mech. , Min. Sci. & Geomech. Abstr. ,1988, 25(3):117-125.

[134] MAS IVARS D, PIERCE M, DEGAGNE D, et al. Anisotropy and scale dependency in jointed rock-mass strength-A synthetic rock mass study[C]. Proc 1st Int. FLAC/DEM Symp. Numer. Modeling, 25-27 Aug. 2008, Hart R, Detournay C, Cundall P, eds. Minneapolis: Itasca Consulting Group, 06-01:231-239.

[135] CUNDALL P A, PIERCE M E, MAS IVARS D. Quantifying the size effect of rock mass strength[C]. International Rock Mechanics Symposium 2008 proceedings, Y. Potvin, J. Carter, A. Dyskin, R. Jeffrey eds, Perth, 2008:3-15.

[136] PARK E S, MARTIN C D, CHRISTIANSSON R. Simulation of the mechanical be-

havior of discontinuous rock masses using a bonded-particle model[C]. Proc. 6th North Amer. Rock Mech. Symp., Houston, Yale D, et al, eds, 2004, paper ARMA 04-480.

[137] TIWARI R P, RAO K S. Post failure behaviour of a rock mass under the influence of triaxial and true triaxial confinement[J]. Eng. Geo. 2006(84):112-129.

[138] 周火明,盛谦,邬爱清. 三峡工程永久船闸边坡岩体宏观力学参数的尺寸效应研究[J]. 岩石力学与工程学报,2001,20(5):661-664.

[139] LIN Y. Dynamic cluster analysis applied to engineering stability classification of rock mass[J]. Mining Science & Technology, 1987(4):55-62.

[140] 赵永红,黄杰藩,王仁. 岩石破裂发育的扫描电镜即时研究[J]. 岩石力学与工程学报,1992,11(3):284-294.

[141] 刘彬,聂德新,张勇,等. 软硬相间层状复杂岩体综合变形模量原位试验研究[J]. 工程地质学报,2010,18(4):538-542.

[142] HUDSONJ A, PEARCR G, ROGERSR M. SourceType Plot for Inversionof the Moment Tensor[J]. JOURNAL OF GEOPHYSICAL RESEARCH, 1989, 94(B1): 765-774.

[143] 凌建明. 脆性岩石的细观裂纹损伤及其时效特性[J]. 岩石力学与工程学报,1993,12(4):304-312.

[144] 吴顺川,周喻,高永涛,等. 等效岩体随机节理三维网络模型构建方法研究[J]. 岩石力学与工程学报,2012,31(增1):3082-3090.

[145] 赵兴东,李元辉,刘建坡,等. 基于声发射及其定位技术的岩石破裂过程研究[J]. 岩石力学与工程学报,2008,27(5):990-995.

[146] SHARAN S K. Exact and approximate solutions for displacements around circular openings in elastic-brittle-plastic Hoek-Brown rock[J]. International Journal of Rock Mechanics and Mining Sciences, 2005, 42(4):542-549.

[147] 蒋斌松,张强,贺永年,等. 深部圆形隧道破裂围岩的弹塑性分析[J]. 岩石力学与工程学报,2007,6(5):982-986.

[148] EWY R T, COOK N G W. Deformation and fracture around cylindrical openings in rock-I, II[J]. International Journal Rock Mechanics and Mining Sciences and Geomechanics Abstracts, 1990, 27(5):387-42.

[149] 房倩,张顶立,王毅远,等. 圆形洞室围岩破坏模式模型试验研究[J]. 岩石力学与工程学报,2011,30(3):564-571.

[150] 王学滨,潘一山,伍小林. 不同强度岩石中开挖圆形隧道的局部化过程模拟[J]. 防灾减灾工程学报,2010,30(2):123-129.

[151] 冯海英,刘德乾,赵鹏燕. 不同断面形式深埋隧道围岩破坏数值模拟分析[J]. 河北工程大学学报(自然科学版),2011,28(3):26-30.

[152] CUNDALL P A, STRACK O D L. A discrete numerical model for granular assemblies[J]. Geotechnique, 1979, 29(1):47-65.

[153] HAZZARD J F, YOUNG R P. Moment tensors and micromechanical models[J].

Tectonophysics,2002,356(1-3):181-197.
[154] 廖九波,李夕兵,周子龙,等.软岩隧道开挖支护的颗粒离散元模拟[J].中南大学学报(自然科学版),2013,44(4):1639-1646.
[155] ITASCA CONSULTING GROUP. FLAC (Fast Lagrangian Analysis of Continua) Theory and Background[M]. Minnesota:Itasca Consulting Group Inc. ,2011.
[156] ITASCA CONSULTING GROUP. PFC2D (Particle Flow Code in 2 Dimensions) Theory and Background[M]. Minnesota:Itasca Consulting Group Inc. ,2008.
[157] BRADY B H G,BROWN E T. Rock Mechanics for Underground Mining[M]. London:Chapman & Hall Press,1993.
[158] 钱七虎,李树忱.深部岩体工程围岩分区破裂化现象研究综述[J].岩石力学与工程学报,2008,27(6):1278-1284.
[159] 宋义敏,潘一山,章梦涛,等.洞室围岩三种破坏形式的试验研究[J].岩石力学与工程学报,2010,29(增1):2741-2745.
[160] 曹冠华.深部岩体分区破裂形成机制的模型试验与分析研究[D].济南:山东大学,2013.

致　谢

本书中的理论研究工作是在导师吴顺川教授的悉心指导下完成的。在读博的四年生涯中，吴老师在学习、生活、科研等诸多方面均给予了我无私的关怀与帮助。在我学位课程的拟定、研究课题的落实、博士论文的撰写等方面，老师都倾注了大量的心血与汗水。

我在学业和事业上取得的每一点进步都与吴老师的谆谆教诲密不可分，吴老师治学严谨、学识渊博、风趣幽默，他不仅在学习和工作上对我严格要求！循循善诱！倾囊以授，同时还教会了我很多为人处世的道理，对我及我的家人都倍加关心，我对吴老师的悉心指导和热心帮助以及对我工作和学习中的谆谆教诲铭记于心！在此，谨向我的导师吴顺川教授致以最诚挚的谢意和最崇高的敬意！

我还要衷心的感谢读博期间课题组的高永涛教授。正是在高老师的指引和带领下，我们课题组成员才拥有了优良的科研学习平台与环境。高永涛教授高屋建瓴的学术思想、平易近人的人格魅力、脚踏实地的工作作风将对我今后的工作、学习产生永远而深刻的影响。

在北京科技大学学习的这些年，我积累的知识、获得的成果还得益于很多老师的教导。感谢北京科技大学土木与环境工程学院金爱兵老师、潘旦光老师、刘洋老师、孙金海老师在学习和研究方面给予的热情指导和帮助。

在这里也感谢课题组的师兄弟姐妹们，特别是周喻博士，他在理论研究方面涉及面广、对问题的理解深刻独到、在数值模拟方面的研究造诣很深，作为我们的师兄，经常在学习中对我们悉心的指导。在此单独对周师兄说声谢谢！

感谢我父母和妻子刘云云对我生活上无微不至的照顾，由始至终默默的支持着我，鼓励着我，正是家人的这种理解、关怀、默默的支持和无私的奉献，才使我得以顺利完成此书的编写和出版。

感谢本书所引用参考文献的所有作者！

同时，特别的感谢国家自然科学基金项目(51741045)、河南工程学院所提供的博士青年基金(D2016024、D2016022)、河南省高等学校重点科研项目计划(17A560019)，以及河南省科技攻关计划项目(182102310743)的大力支持，没有这些基金和项目的支持，也很难完成本书的编辑和出版。